영화보다,
세계사

영화보다, 세계사

영화가 새로워지고 역사가 재미있어지는

초판 1쇄 발행 2023년 7월 20일
초판 2쇄 발행 2023년 10월 31일

지은이 송영심
그린이 신병근
함께 그린이 선주리

펴낸이 홍석
이사 홍성우
인문편집부장 박월
책임편집 박주혜
편집 조준태
디자인 신병근
마케팅 이송희 · 김민경
관리 최우리 · 김정선 · 정원경 · 홍보람 · 조영행 · 김지혜

펴낸곳 도서출판 풀빛
등록 1979년 3월 6일 제2021-000055호
주소 07547 서울시 강서구 양천로 583, 우림블루나인 A동 21층 2110호
전화 02-363-5995(영업), 02-364-0844(편집)
팩스 070-4275-0445
홈페이지 www.pulbit.co.kr
전자우편 inmun@pulbit.co.kr

ISBN 979-11-6172-880-3 04900
       979-11-6172-882-7 04900(세트)

영화보다, 세계사

영화가 새로워지고 역사가 재미있어지는

송영심 글 신병근 그림

풀빛

들어가는 글

　좋은 영화를 보면 감동의 파노라미가 마음속에 물결칩니다. 한걸음
더 나아가 영화의 역사적 배경을 알고 영화를 보면 감동을 넘어 쓰라
린 아픔과 때로는 벅찬 기쁨을 느끼기도 합니다. 세계적인 베스트셀러
작가인 리처드 바크는 그의 명저《갈매기의 꿈》에서 "높이 나는 새가
멀리 본다"라고 했습니다. 시대적 배경 지식을 알고 영화를 보는 것은
곧 새가 높이 나는 것과 같습니다. 영화 곳곳에 감독이 깔아 놓은 복선
을 찾아 퍼즐을 맞추어 가는 지적 행동력을 얻을 수 있고, 영화의 스토
리를 넘어 역동하는 거대한 시대의 흐름을 마주하게 됩니다. 한편으로
바쁜 생활 속에서 몇 시간 동안 영화를 보기 힘든 사람이라면, 이 책으
로 여러 마리의 토끼를 한 번에 잡을 수 있습니다. 영화에 대한 사전 지
식과 내용, 명장면, 영화의 흐름, 영화가 말하고자 하는 의도, 영화로 풀
어낸 역사와 시대적 배경, 영화의 뒷이야기 등을 이 책 한 권에서 얻을
수 있습니다.

　물론 문명과 사회 문화, 전쟁과 개척, 종교, 인물의 다섯 분야로 나누
어 각 주제에 맞는 영화를 추리는 작업은 쉽지 않았습니다. 세계사를
수십 년간 가르치고 연구해 온 사람으로서 청소년들의 세계사 교과와

연관된 내용을 담은 영화들을 선별해야 했고, 그러면서도 독자들의 눈 높이에 맞는 재미 요소도 잡아야 했기 때문이지요. 먼저 문명과 관련 해서는 서유럽 중심의 사관에서 벗어나고자 의도적으로 동서양을 아우르는 내용의 영화들을 골랐습니다. 찬란하게만 보이는 서양 문명이 감추고 있는 폭력, 착취, 폭압의 역사를 돌아보고 싶었습니다. 또한 과거에서 넘어와 현재의 AI, 챗 GPT, 스마트 기기 등 빠르게 변화하는 과학 문명의 음영을 짚어 주고, 인류를 위협하는 기후 위기뿐만 아니라 미래의 우주 탐사까지 포함하여 이야기를 나누고자 했습니다. 영화를 통해 이 책을 읽는 청소년들이 파멸 속에서 희망을 보고, 우리가 겪게 될 미래의 어떤 어려움도 의지와 용기, 슬기와 지혜로 극복할 수 있다는 확신을 심어 주고 싶었습니다.

사회 문화 분야의 영화들을 통해 인간이 이루어 낸 예술품 속에 숨어있는 코드를 하나하나 풀어 가는 재미를 주고자 했고, 화려하고 아름다운 예술과 문화를 소개하는 수많은 영화를 제쳐 두고 가장 비천한 사람들의 이야기를 담은 영화를 함께 보며 투쟁, 어둠, 질식할 것 같은 가난, 이름이 알려지지 않은 무수한 민중들의 노력들을 풀어내었습니

5

다. 전쟁과 개척 분야에서는 지금도 세계 곳곳에서 일어나고 있는 분쟁과 전쟁을 다룬 영화들을 소개하면서 분쟁 속에 흐르고 있는 분노와 끔찍한 고통을 복기하며 다시는 이런 일들이 일어나지 말아야 한다는 것을 강조했습니다. 종교 분야에서는 크리스트교 세계와 이슬람 세계의 충돌, 부활의 기적 뿐 아니라 사람들이 잘 모르는 티베트 불교의 면면을 살필 수 있는 영화부터 오늘날까지 이어지고 있는 사이비 종교가 얼마나 암적인 존재인가를 고발하는 영화까지 종교 속에서 돌아볼 수 있는 인문학적 성찰을 담아내려 했습니다. 마지막으로 인물을 다루는 영화를 선택할 때 고민이 많았습니다. 세계사에 이름을 남긴 인물군을 하나하나 검토하면서 역사의 큰 흐름을 이끈 인물들에 대한 영화를 소개하고자 했습니다.

제한된 지면 때문에 더 많은 영화를 소개하지 못한 점이 못내 아쉽습니다. 역사를 공부하는 사람의 눈으로 풀어낸 영화의 해석을 보며, 독자들이 그동안 인지하지 못했던 깊이 있는 세계사의 참 지식을 만날 수 있다는 것이 이 책의 매력입니다. 역사 속에 면면히 흐르는 생명력을 이 책에 고른 영화를 통해 깊게 호흡하며 눈이 밝아지는 지적 성취를 이루어 내기를 바랍니다.

더불어 좋은 책이 나오도록 이끌어 주신 풀빛 출판사의 박주혜 편집 자께 지면을 통하여 깊이 감사 인사를 드립니다. 늘 열과 성을 다하여 세상에 빛을 주는 책을 발간하기 위해 땀을 흘리고 계신 풀빛 편집부 가족에게도 감사 인사를 드립니다.

끝으로 이 책이 나오는 것을 보지 못하고 얼마 전 지병으로 세상을 떠난 사랑하는 오빠 송영두 박사에게 이 책을 바칩니다.

송영심

차례

영화별
세계사 포인트
알고 가기!

1부

문명관

찬란한 문명의 빛이 열리고,
치열한 인간의 삶이 시작되다

〈오딧세이(The Odyssey)〉

1997

#트로이 전쟁 #고대 그리스 세계의 교역과 정치

고대 그리스 신화에 등장하는
바다 괴물의 정체는 무엇일까?

🌐 세계사 연표

🇰🇷 그때 우리는

기원전 1400년경 미케네 문명 전성기

기원전 2333년 고조선 건국

기원전 1200년경 트로이 전쟁

기원전 1100년경 미케네 문명 붕괴

오디세우스가 고안한 목마를
트로이 군사들이
성안으로 끌고 들어간다.

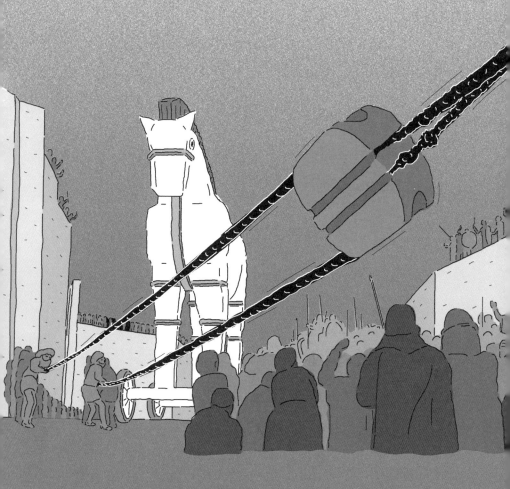

청동기를 사용하던 고대 그리스 시대, 그리스 연합군과 소아시아 무역의 거점이었던 도시 국가 트로이 사이에 장장 10년 동안 트로이 전쟁이 일어났다.

전쟁의 소용돌이에 들어선 지 7년째. 그리스에서 전쟁의 신으로 불리는 아킬레우스는 트로이를 대표하는 용감한 전사 헥토르를 죽이고 시신을 전차에 매달아 끌고 다니며 모욕을 주었다. 하지만 그도 헥토르의 동생인 트로이 왕자 파리스가 쏜 화살에 발목을 맞아 숨을 거두었고, 이후 그리스군은 지략이 뛰어난 명장 오디세우스가 고안한 거대 목마를 트로이성 앞에 놓아두고 철수를 한다.

트로이 전쟁이 일어난 까닭은 무엇일까? 그리스군은 왜 목마를 남겨 놓고 사라진 것일까? 트로이 전쟁에서 승리한 오디세우스가 고향 이타카로 가는 도중 만난 바다 괴물의 정체는 무엇일까? 그리스 영웅 오디세우스의 귀향 과정을 실감나게 재현한 영화 〈오딧세이(The Odyssey)〉를 통해 흥미로운 모험과 용기, 지혜의 시대였던 고대 그리스를 항해해 보자.

트로이 전쟁을 승리로 이끌었던 오디세우스는 어떤 인물일까?

트로이 사람들이 트로이성 밖으로 몰려나와 해변에 나타난 목마를 보며 그리스군의 퇴각을 기뻐하고 있다. 모두들 힘을 합쳐 그리스인들이 두고 간 거대한 목마를 전승 기념물로 삼기 위해 성안으로 끌고 들어가려 한다. 이때 트로이의 신관 라오콘이 나서서 트로이의 왕 프리아모스에게 목마는 불길한 존재이니 성안에 들여서는 안 된다고 주장한다. 그 순간, 그리스의 편인 바다의 신 포세이돈이 보낸 거대한 물뱀이 나타나 라오콘을 칭칭 감아 숨을 거두게 했고, 목마는 성안에 들어오고 만다.

트로이인들은 승리에 취해서 술과 음식을 먹다가 잠에 곯아떨어지고, 그 사이 목마에서 그리스 군사들이 쏟아져 나오며 트로이는 점령당하고 역사 속으로 사라지게 된다. 여기서 목마를 남기고 철수한다는 기발한 전술을 생각한 사람이 영화의 주인공이자 그리스의 명장인 오디세우스이다.

영화의 첫 장면은 이렇게 시작된다. 이번에는 건장한 체구의 한 남자가 미친 듯이 달려가고 있다. 한 손에는 철궁을 들었다. 너무나 급한 나머지, 나중에는 활도 내던지고 전속력으로 달린다. 저 멀리 높이 쌓아 올린 성채가 보인다. 그가 도착한 곳에는 한 여인이 극심한 산통을 겪고 있었다. 남자가 여인을 소중하게 안아 들고 그녀의 고통을 달래

주려 애를 쓴다. 온 나라 사람이 지켜보는 가운데 여인은 산통 끝에 튼튼한 사내아이를 낳았다. 서양사에서 흔히 볼 수 있는 장면인데, 왕비가 아이를 출산할 때 출산 광경을 공개하여 왕국의 백성이 모두 볼 수 있도록 하는 것이다. 곧 남자는 갓 태어난 아이를 안아 들고 자신의 왕국을 자랑스럽게 보여 주며 이 아름다운 왕국이 '이타카(Ithaka)'이니 새로운 나라로 함께 발전시켜 나가자고 말한다. 물론 이 남자는 오디세우스이고 여인은 그를 10년 동안이나 기다린 왕비 페넬로페이다. 둘 사이에서 태어난 아들은 훗날 용감하게 아버지 오디세우스의 행방을 찾아다니는 텔레마코스이다.

영화 〈오딧세이〉는 2020년 제77회 베니스 국제영화제 심사위원 특별상을 수상한 안드레이 콘찰로프스키 감독이 제작했다. 그는 기원전 8세기경에 눈먼 음유시인으로 명성을 날렸던 호메로스(기원전 800? ~ 기원전 750)가 읊은 것으로 전해지는 대서사시 〈오디세이〉의 방대한 내용을 단 54분에 담아내면서도, 스토리 흐름을 잘 이해할 수 있는 흥미진진한 영화를 만들어냈다. 호메로스는 〈오디세이〉 외에도 〈일리아스〉라는 서사시를 남겼다. 〈일리아스〉에서는 고대 그리스를 대표하는 전쟁에서 용맹하게 싸웠던 전사 아킬레우스의 분노를 트로이 전쟁을 통해 다루었고, 〈오디세이〉에서는 트로이 목마를 떠올린 지혜로운 명장 오디세우스가 트로이 전쟁이 끝나고 사랑하는 아내가 있는 이타카 왕국으로 귀환하는 험난한 과정을 담았다. 고대 그리스인들은 어릴 때부

마케도니아

트로이
문명

• 트로이

테살리아

페르가몬

델파

사르데스 •

올림피아

• 테베
• 마라톤
• 코린트 아테네

에
게
해

펠로폰네소스

• 미케네

스파르타

미케네
문명

밀레투스

크레타
문명

크레타 • 크노소스

오디세우스가 트로이 전쟁을 끝내고 고향으로 돌아가던 당시의 그리스 발칸 반도 지도.
트로이 문명, 미케네 문명, 크레타 문명이 자리 잡고 있었다(출처: 위키피디아).

터 이 서사시들을 배우기 시작하여 생애 내내 줄줄이 암송하며 지냈
다. 아킬레우스, 오디세우스, 헥토르, 아이네아스 등 〈일리아스〉와 〈오
디세이〉에 나오는 영웅들은 그리스인의 정신세계를 지배하는 멘토이
자 영웅으로 받들어졌다.

그렇다면 **트로이 전쟁**은 **왜** 일어났을까?

그리스 신화에 의하면, 전쟁의 불
씨는 프티아의 왕 펠레우스와 결혼하여 인간 최고의 전쟁 능력을 소유
한 아킬레우스를 낳은 바다의 여신 테티스의 결혼식에서 시작되었다.
결혼식에 모든 신들이 초대받았으나 불화의 여신 에리스만 초대를 받

지 못했다. 화가 난 에리스는 가정의 신 헤라와 전쟁의 여신 아테나, 미의 여신 아프로디테 앞에 서서 '세상에서 가장 아름다운 여신에게'라고 쓴 황금 사과를 던졌다. 여신들은 이 황금 사과를 양치기인 파리스에게 가져가 누구의 것인지 심판을 내려 달라고 하면서(이를 '파리스의 심판(The Judgment of Paris)'이라고 한다), 그에게 저마다 달콤한 조건을 내걸었다. 사실 파리스는 평범한 양치기가 아니라 트로이의 왕 프리아모스와 왕비 헤카베 사이에서 태어난 왕자였다. 그런데 왕비 헤카베는 그를 가졌을 때, 자신이 낳은 불붙은 나무토막이 트로이 전체를 불태우는 불길한 꿈을 꾼다. 왕비의 꿈 이야기를 들은 프리아모스왕은 신하인 아겔라오스를 시켜 막 태어난 아기를 이다산에 갖다 버리라고 명했다. 하지만 아겔라오스는 파리스를 돌보아 주었고 파리스는 양치기로 성장했다.

파리스는 세 여신 중, 세상에서 가장 아름다운 여성을 얻게 해 주겠다는 아프로디테의 요구를 받아들여 그녀를 가장 아름다운 여신으로 선택했다. 기쁨에 젖은 아프로디테는 파리스와의 약속을 지키기 위해 그가 스파르타의 왕비 헬레네를 차지하도록 도왔다. 왕비 헬레네를 하루아침에 빼앗긴 스파르타의 왕 메넬라오스는 그리스를 이끌고 있는 미케네의 왕인 친형 아가멤논을 찾아가 도움을 요청한다. 이에 아가멤논은 그리스 최고의 영웅 아킬레우스와 이타카의 왕 오디세우스를 비롯한 영웅들을 그리스 연합군에 합류시켜 트로이 전쟁을 일으켰다. 하지만 연구자들은 트로이 전쟁의 진정한 목적은 미케네가 소아시아의 무역을 독점하고 있는 트로이의 해상 교역권을 빼앗기 위한 것이었다고 분석한다.

고대 그리스인과 그리스신의 떼려야 뗄 수 없는 관계

고대 그리스인들은 신을 인간의 모습과 감정을 가진 존재로 생각하고 올림포스산에 사는 제우스를 비롯한 열두 신을 정성을 다해 섬겼다. 영화 〈오딧세이〉의 장면 곳곳에도 그리스 신화에 나오는 신들이 출현한다. 특히 전쟁의 여신으로 트로이 전쟁에서 그리스군을 지원했던 아테나는 지금 우리가 3,200여 년 전의 역사를 거론하며 오디세우스에 대해 말하고 있는 것처럼, '오디세우스의 이름은 후세에 길이 남을 것'이라고 예언한다. 유네스코가 지정한 세계문화유산 1호인 그리스 아테네의 파르테논 신전은 아테네인들이 아테나 여신을 섬기기 위해 세운 것이다. 아테나 여신은 제우스신의 머리에서 태어났기 때문에 지혜와 전쟁의 여신이며 직물과 도기 등을 관장한다. 영화에서 아테나 여신은 오디세우스의 아들 텔레마코스가 힘들 때마다 지혜의 여신답게 이끌어 주고 도와주는 '멘토' 역할을 한다.

그리스인들은 에게해와 지중해를 중심으로 활발한 해상 활동을 펼

첐는데, 자신들의 안전한 항해를 위해 바다의 신 포세이돈을 열심히 섬겼다. 신을 화나게 하면 풍랑을 맞는 저주를 받을 것이라고 생각했다. 영화에도 그 내용이 잘 나타나 있다. 오디세우스는 자신의 전략으로 트로이 전쟁에서 승리하자 기쁨에 젖어 바다를 향해 외친다. "살과 피와 영혼의 나약한 인간인 자신의 힘으로 트로이를 물리쳤으므로 신은 필요 없다!" 그러자 트로이 전쟁에서 그리스군을 지지했던 포세이돈은 오만에 젖은 오디세우스에 크게 분노한 나머지, 그에게 온갖 고통을 주기로 결심한다. 영화에서 포세이돈은 세상을 집어삼킬 것 같은 거대한 파도를 일으키며 오디세우스를 향해 항해가 결코 순조롭지 않을 것이라고 경고한다. 이후 오디세우스 일행은 장장 10년 동안 먼 바다를 떠돌며 포세이돈이 퍼부어 대는 거친 파도와 풍랑, 폭풍우 앞에서 견디기 어려운 시련을 겪어야 했다. 설상가상으로 오디세우스는 귀향하던 길에 들른 거인족 키클로프스들이 사는 섬에서 외눈박이인 폴리세모스의 눈을 찔러 장님으로 만들었는데, 그는 포세이돈의 아들이기도 해서 더욱 포세이돈을 화나게 만들었다.

그리스인과 에게해, 그리고 신화

그리스와 닿아 있는 에게해 곳곳에는 기암절벽과 암초, 협곡이 가득하다. 오디세우스와 부하들 역시

1장 고대 그리스 신화에 등장하는 바다 괴물의 정체는 무엇일까?

고향 이타카로 가기 위해 살아서 벗어난 자가 없다는, 무시무시한 괴물들이 지키고 있는 죽음의 협곡을 지나야 했다. 이를 영화에서는 6개의 머리와 12개의 다리를 가진 바다 괴물 스킬라와 무시무시한 소용돌이를 하루 세 차례 뿜어 대는 바다 괴물 카리브디스와 사투를 벌여 간신히 벗어나는 장면으로 표현했다. 이를 통해 얼마나 많은 그리스인들이 항해를 하다가 협곡과 암초에 부딪쳐 목숨을 잃었는지 잘 알 수 있다. 오디세우스는 이 과정에서 부하들을 모두 잃고 그도 거의 죽기 일보 직전인 상태가 된다. 바다 괴물이 지키는 협곡을 겨우 벗어났더니, 이번에는 그를 미워하는 포세이돈이 산처럼 높은 파도를 몰아치게 했다. 뗏목과 나무토막에 의지하며 휘몰아치는 거센 파도에 휩쓸린 오디세우스는 외친다.

"포세이돈, 포세이돈, 도대체 원하는 것이 무엇인가?"

"더 많은 고통을 주기 위해서다. 신이 없다면 인간은 아무 것도 아니라는 것을 깨닫게 함이다."

그리스인들이 경배했던 포세이돈의 이 말에서, 당시 신을 대하는 그리스인의 경건한 자세를 알 수 있다.

그렇다면, 오디세우스가 통치했던 섬나라 이타카는 어디일까? 아직 알려지지 않았다. 지금도 수많은 연구자들이 이타카를 찾아 탐험과 연구를 계속하고 있다. 아직 밝혀지지 않은 흥미로운 내용이 가득한 고대 그리스사 연구는 현재 진행 중이다.

진퇴양난 (Between Scylla and Charybdis)

영화 〈오딧세이〉에서 오디세우스 일행은 사후 세계에서 만난 예언가 티레 시아스가 예고한 대로 바다 괴물 스킬라와 카리브디스를 만나게 되는데, 환상적인 CG로 표현된 그 장면은 관객을 공포와 충격 속으로 밀어 넣는다. 스킬라는 원래 매우 아름다운 님프였는데 질투에 사로잡힌 마녀 키르케의 마법으로 무시무시한 3개의 이빨을 가진 6개의 뱀 대가리들을 달고 있는 흉측한 괴물로 바뀌었고, 날이 갈수록 피에 굶주린 괴물이 되어 암초에 붙 어 있다가 지나가는 배들을 공격해 난파시켰다. 영화에서 오디세우스 일행 은 스킬라의 공격을 겨우 피했으나, 곧이어 허기진 배를 채우기 위해 무서 운 소용돌이를 일으켜 선박들을 삼켜 버리는 괴물 카리브디스를 만나 배가 완전히 부서지고 만다. 이렇게 오디세우스가 스킬라에 이어 카리브디스에 게 당하여 죽음 직전까지 간 상황에서 '진퇴양난(進退兩難)'을 의미하는 영 어 숙어인 'Between Scylla and Charybdis'가 탄생했다.

〈글래디에이터〈Gladiator〉〉

2000

#로마 제국의 멸망 #인간 병기 검투사의 반란

2장

로마 제국의 종말은
어디에서 시작되었을까?

거구의 전설적인 검투사 티그리스와
호랑이를 상대로 목숨을 건 격투기를 펼치는
로마 검투사 막시무스.

"모든 길은 로마로 통한다"라는 말이 있다. 이탈리아 반도의 작은 도시 국가에서 출발한 로마가 유럽, 아시아, 아프리카 3대륙에 걸친 대제국이 되면서 생겨난 말이다. 로마가 서양 고대사의 주인공이 되는 과정은 끝없는 싸움의 연속이었다. 마침내 지중해 무역을 독차지하고 있던 카르타고와 120여 년간의 전쟁에서 승리를 거두어 지중해를 손에 넣은 로마 군단은 가는 곳마다 로마 제국의 영토로 만들었다.

로마 공화정을 거쳐 로마 제정 시대의 황금기인 5현제 시대 200여 년 동안은 로마가 최대 영토를 확보한 덕에 "벽돌의 로마"가 "대리석의 로마"로 바뀌었다고 할 정도로 풍족하고 평화로운 '팍스 로마나 시대(Pax Romana)'였다. 그러나 팍스 로마나 시대는 아이러니하게도 로마의 쇠퇴를 품고 있었다. 평화 속에 쇠퇴의 조짐이 보인 이유는 무엇일까? 로마 제국이 쇠퇴의 길을 걷게 된 과정 속으로 들어가 보자.

로마의 운명처럼 위태로웠던
검투사들의 이야기

영화 〈글래디에이터(Gladiator)〉는 처절한 삶을 살았던 로마 검투사에 대한 이야기이다. 제73회 아카데미 시상식에서 12개 부문 후보에 올라 작품상, 남우주연상 등 5개 부문을 휩쓸었고, 제58회 골든 글로브 시상식 드라마 부문 최우수 작품상에 빛나는 리들리 스콧 감독의 명작이다.

영화는 로마 제국 오현제 시대의 마지막 황제인 마르쿠스 아우렐리우스(제16대 황제, 재위 161~180)가 12년에 걸쳐 이끌었던 게르만족 정벌이 마무리된 180년을 배경으로 펼쳐진다. 불화살이 오갔던 게르만족과의 치열한 전투에서 승리한 마르쿠스 아우렐리우스 황제는 중대 결심을 실천에 옮긴다. 로마 제정 시대를 끝내고 다시 공화정 시대로 돌아갈 것이며, 이를 실현시키기 위해 탁월한 지도력을 가진 로마 펠릭스 군단의 총사령관 막시무스 데시무스 메리디우스에게 재위를 물려주겠다고 선포한 것이다.

사실 막시무스는 고향인 히스파니아(스페인)로 돌아가 사랑하는 아내와 아들을 만날 꿈에 젖어 있었기에, 뜻하지 않은 황제의 제안에 갈등한다. 그런데 이때 야심 가득하며 잔인하고 포악한 콤모두스(제17대 황제, 재위 161~192)가 아버지인 황제의 결정에 분노해 아버지를 살해하고 자연사로 위장한 후, 자신이 로마 황제 자리를 차지한다. 이런 상황에서 당연히 막시무스는 콤모두스에게 눈엣가시 같은 존재가 되어 처형을 당할 위기에 처했으나, 기지를 발휘하여 탈출에 성공한 그는 가족을 찾아갔지만 이미 아내와 아들은 잔인하게 살해된 뒤였다. 탈출 과정에서 심한 부상을 입은 막시무스는 결국 노예 상단에 붙들려 검투사로 팔려가게 된다.

첫 검투 경기를 앞둔 막시무스. 동료 검투사들은 인간 병기가 되어 훈련받은 대로 짐승같이 싸우다 피투성이가 되어 쓰러져 갔지만 막시무스는 달랐다. 막시무스는 전쟁터에서 익힌 전투 경험과 타고난 감각, 영민한 머리로 상대를 모조리 쓰러트리고 검투사 스페나드로 거듭난다.

폭군 **콤모두스 황제**를 겨눈 **복수**의 **칼날**, **공화정**을 **꿈**꾸다

최고의 검투사로 명성을 떨치게 된 막시무스는 콤모두스가 마르쿠스 아우렐리우스 황제를 추모한다는 구실로 개최한, 실제로는 원로원과 비판 세력들의 관심을 다른 데로 돌리기 위해 열린 검투사 시합에 나가게 된다. 5만여 명이 모인 로마의 대형 경기장 콜로세움에서 치러진 경기에서 카리스마 넘치는 지도력을 뽐낸 막시무스 덕분에 그가 속한 진영이 대 역전승을 거두었고, 그 덕분에 마침내 폭군 황제가 된 콤모두스를 만나게 된다. 콤모두스는 막시무스를 알아보고 죽이려 했으나, 그를 살리라는 관중들의 거센 요구에 할 수 없이 엄지손가락을 위로 올려 그를 살려 보낸다.

이후 막시무스는 숱한 암살 시도를 물리치고 콤모두스를 황제에서 끌어내릴 계획을 세운다. 한때 사랑하는 사이였던 루실라 공주가 막시무스를 지원하여 원로원의 공화정 지지 의원인 그라쿠스와의 만남을 주선한다. 이 영화의 시나리오 작가인 데이비드 프란조니는 의도적으로 그의 이름을 그라쿠스로 지었을지도 모른다. 역사 속에서 같은 이름의 그라쿠스 형제는 로마 공화정 시기를 대표하는 호민관이었다. 이들 형제는 120여 년간 계속된 카르타고와의 포에니 전쟁으로 자영농이 몰락하자, 원로원 의원들이 소유한 토지를 자영농에게 분배하는 개혁을 시도하다가 원로원 세력들에 의해 비참한 죽음을 당했다. 영화에서 역시 그라쿠스 의원이 지지한 막시무스의 계획은 콤모두스에게 사전에 발각되어 실패하고 만다.

막시무스는 마침내 콜로세움에서 로마 시민들이 지켜보는 가운데 콤모두스와 최후의 혈전을 벌이게 된다. 사투를 벌인 이 경기에서 콤모두스를 죽이는 데 성공하지만, 치명상을 입은 그는 옛 전우인 퀸투스에게 "마르쿠스 아우렐리우스 황제는 공화정 부활을 꿈꾸었으니 반드시 실현시켜야 한다"는 말을 남기고는 생을 마친다. 이렇듯 영화 내내 막시무스가 마르쿠스 아우렐리우스 황제 시대를 추억하며 공화정으로 돌아가기를 꿈꾸는 내용이 나온다. 하지만 영화와는 정반대로,

오현제 시대 내내 지켜 온 후계 방식을 최초로 무너트려 로마를 쇠퇴의 길로 이끈 사람이 바로 마르쿠스 아우렐리우스 황제였다. 그 전까지는 유능한 인물을 양자로 맞이하여 후계 구도를 세우는 것이 관례였다. 여기서 오현제는 네르바(재위 96~98), 트라야누스(재위 98~117), 하드리아누스(재위 117~138), 안토니누스 피우스(재위 138~161), 마르쿠스 아우렐리우스(재위 161~180)를 말한다.

팍스 로마나 시대, 종말은 어떻게 시작되었을까?

영화는 왜 로마가 팍스 로마나 시대에서 점점 멸망의 길로 걸어가게 되는지를 잘 그려 내고 있다. 더 이상 정복할 땅도, 전쟁도 없는 평화로운 시대가 계속되면서 로마 시민들은 권태로워졌고 사치와 향락에 빠져들었다. 영화 속 표현 그대로, 로마 시민을 열광하게 한 것은 검투사 경기와 같은 "콜로세움의 흙먼지"와 "피의 축제"였다. 약 5만 명을 수용할 수 있는 콜로세움은 출입문만 자그마치 80개나 될 정도로 거대한 경기장이었다. 이곳에서는 포로로 삼은 정복민을 굶주린 사자와 겨루게 하는가 하면, 속주에서 징발되거나 막시무스처럼 노예에서 선발된 검투사들이 로마인들의 즐거움을 위하여 죽을 때까지 싸워야 했다. 영화에도 나오듯이, 1만여 명의 사람과 3,500마리의 맹수들이 동시에 겨루는 시합도 열렸다. 제정이 시작되기도 전인 기원전 73년에는 검투사 스파르타쿠스의 반란이 일어나서 6,000여 명의 가담자들이 십자가에 매달려 처형당하기도 했다. 사람과 야수 사이의 삶을 살아야 했던 검투사들의 고통을 짐작해 볼 수 있다.

팍스 로마나 시대에 평화가 계속되자, 노예 경제로 유지되던 로마 제국에 노예 공급이 중단되면서 파멸의 싹이 자라기 시작했다. 당시 약 100만 명이 거주했던 로마에서 노예 인구는 무려 40만여 명이나 되었다. 겉으로 화려해 보이는 로마 안에는 가난과 굶주림, 고통 속에 살아가는 사람들이 넘쳐났다. 이와 함께 대농장 경영에 따른 자급자족은 속주의 도시를 중심으로 한 상업 활동을 위축시켰다. 공룡 같은 거대한 제국을 꾸려 나가기 위한 군대 유지 비용과 정치 기구, 각종 공공시설 유지에 필요한 세금 부담은 로마 제국을 뿌리부터 서서히 흔들고 있었다.

로마 제국의 몰락에 불을 붙인 황제들의 폭정

실제로 콤모두스는 190년에 로마가 화재로 엄청난 피해를 입자 로마의 이름을 '콜로니아 콤모디아나(콤모두스의 땅)'로 바꾸는가 하면, 근위병 사령관 등의 측근들에게 정치를 맡겨 버렸다. 그가 스스로를 헤라클레스의 화신이라고 칭하며 원형 경기장으로 들어가 검투사처럼 싸웠다는 일화가 전해지는데, 이것이 영화에서 막시무스와의 생존을 겨루는 격투로 그려졌다. 그는 원로원을 무시하고 근위대의 봉급을 인상하여 국가의 재정을 바닥냈고, 재정이 부족하자 유력자의 재산을 마구 몰수하기도 했다. 대외적으로는 이민족의 침입이 계속되어 물가는 치솟고 경제가 혼란스러웠다.

콤모두스와 같은 무모한 황제는 또 있었다. 공동 황제였던 동생 게타를 어머니 앞에서 잔인하게 살해하고 단독 황제가 된 후 피의 공포정치를 펼쳤던 카라칼라 황제(재위 211~217)이다. 그는 212년에 "제국 내의 모든 자유민에게 로마 시민권을 부여한다"는 '안토니누스 칙령'을 공표했다. 이러한 조치가 나온 이유는 무엇일까? 로마 시민의 수가 급격히 줄어들어 국가 재정 수입이 바닥을 드러내고 있었기 때문이다. 마치 환자에게 새로운 혈액을 투여하듯이, 새롭게 시민이 된 사람들에게 걷은 세금으로 바닥난 국가 재정을 간신히 채워 넣었던 것이다. 가뜩이나 로마 상류층일수록 향락을 즐기기 위해 아이를 낳지 않으려고 하는 상황에서, 무차별하게 유행하는 전염병까지 시민들의 목숨을 무더기로 빼앗아 가니 로마 군단에 입대할 시민들의 수 역시 심각하게 부족해졌다.

이러한 가운데 카라칼라 황제는 시민들의 인심을 얻기 위해 공공시설 건설에 힘을 기울였는데, 그것이 오히려 제국의 독이 되었다. 현재도 남아 있는 카라칼라 공중목욕탕은 그 규모가 너비 220미터, 길이 114미터에 달했는데, 열기욕장과 온탕, 냉탕 외에도 각종 집회장과 오락실, 도서관 등을 갖추었고 1,000명을 수용할 수 있었다. 이 목욕탕을 운영하기 위하여 거대한 수로로 매일 수백만 리터의 물을 끌어 올렸다고 하니, 그 화려함은 물론 제국의 재정에 얼마나 부담을 주었을지 상상해 볼 수 있다. 그는 적자를 메우기 위해 세금을 올리고 질 낮은 화폐를 찍어냈는데, 그 때문에 로마 제국 내에서 화폐 가치가 하락하고 인플

1899년에 추측하여 그린 카라칼라 욕장 복원 그림(출처:위키디피아)

레이션이 심해져 경제적인 혼란이 계속되었다. 결국 카라칼라 황제는 부하의 하수인에게 암살당하고 만다. 이후 약 50년(235~284) 동안 26명의 황제가 서로 죽고 죽이는 혼란의 시기인 '군인 황제' 시대가 이어졌다. 게다가 큰 전염병이 유행하여 수많은 사람이 죽고, 아시아 속주에서는 지진이 일어나 여러 도시들을 폐허로 만들었으며 강도와 해적까지 들끓었다. 도시 중산층은 몰락해 갔고 강제 세금 징수와 징용, 내전으로 인해 로마에는 쇠퇴의 그림자가 짙게 깔렸다.

로마 제국이 낳은 말 말 말!

"로마는 하루아침에 이루어진 것이 아니다" 이 문장을 한번쯤은 들어 보았을 것이다. 이처럼 로마 제국과 관련된 말들은 오늘날에도 익숙하게 접할 수 있다.

"로마에 가면 로마의 법을 따라라", "로마는 처음에는 무력으로, 두 번째는 크리스트교로, 세 번째는 법으로 통일시켰다"라는 말도 있다. 실용적인 법이 발달한 로마법의 위대한 유산을 나타낸 말이다. 로마 최초의 성문법인 12표법, 시민들에게 적용되었던 로마 시민법, 속주민들에게 적용되었던 로마 만민법을 거쳐 동로마의 유스티니아누스 황제가 편찬한 로마법대전은 인류의 유산으로서 근대 법체계까지 영향을 미쳤다.

독일의 철학자 헤겔은 "주인의 제국이 노예의 종교인 크리스트교에 굴복한 사건이야말로 세계사의 가장 큰 미스터리다"라고도 했다. 여기서 '주인의 제국'은 로마를 말하는데, 크리스트교가 세계적 종교가 된 것은 로마의 지독한 박해를 이겨 내고 로마의 국교가 되었기 때문이다.

독일의 역사학자 랑케는 "모든 고대 역사는 호수로 흘러 들어가는 강물처럼 로마의 역사로 흘러 들어갔고, 모든 근대 역사는 로마 역사로부터 흘러나왔다"라고 했다. 그리스 문화를 계승하여 서양 문화의 대동맥이 된 로마 제국이 역사에서 차지하고 있는 위치를 잘 알 수 있는 말이다.

〈노예 12년(12 Years a Slave)〉
2014

#신항로 개척 #노예무역 #인종 시장의 탄생

3장

아프리카에 살던 흑인이
왜 아메리카에 살게 되었을까?

🌐 세계사 연표 | 🔥 그때 우리는

1492년 콜럼버스, 서인도 제도 도착

1519년 마젤란 일행, 세계 일주(~1521)

1861년 미, 남북전쟁(~1865) 시작

1485년 경국대전 반포

1504년 갑자사화

1860년 최제우, 동학 창시

주인으로부터 명령을 받은 흑인 노예가
나무에 묶인 노예에게
매질을 가한다.

15세기, 포르투갈은 먼 바다까지 나아갈 수 있는 범선 제작에 성공하면서 아프리카 희망봉을 거쳐 인도로 가는 새로운 항로를 개척했다. 이에 자극을 받아 이슬람 세력을 몰아낸 후 새로운 도약을 꿈꾸고 있던 에스파냐의 이사벨 여왕도 신항로 개척에 엄청난 관심을 가졌다. 그녀는 대서양을 통해 인도로 가는 새로운 항로를 개척하겠다는 이탈리아 출신의 탐험가 크리스토퍼 콜럼버스(1451~1506)를 지원하기로 결정한다. 1492년, 콜럼버스는 지구가 둥글다는 사실을 확신하며 3척의 배를 이끌고 에스파냐를 출발한 지 33일 만에 유럽인이 전혀 몰랐던 한 대륙에 도착했다.● 콜럼버스가 아메리카 항로를 발견한 이때부터 아메리카 대륙에 대 재앙이 시작되었다.

콜럼버스가 도착했을 때에는 원주민만 살고 있었는데, 오늘날 머나먼 대륙인 아프리카에 살던 흑인들이 어떻게 아메리카에 살게 된 것일까? 흑인들은 낯선 땅에서 어떤 굴욕과 수모를 당했을까? 영화 〈노예 12년(12 Years a Slave)〉을 통해 그 내막을 알아보자.

● 기존의 '아메리카 신대륙 발견'이라는 표현이 교과서에서 이와 같이 바뀌었다.

목화 재배에 강제 동원된
아메리카 흑인 노예의 참상

한 여자 흑인 노예가 나무 기둥에 묶여 있다. 건장한 몸의 남자 흑인 노예가 여자 노예의 등짝에 있는 힘을 다해 어마어마하게 긴 가죽 채찍을 갈긴다. 다른 노예들은 공포에 질린 눈으로 그 모습을 바라보고 있고, 한쪽에서는 백인 농장 주인이 같은 처지의 여자 흑인 노예를 징벌하는 남자 흑인 노예를 향해 더 세게 치라는 잔인한 명령을 내린다.

이는 제86회 아카데미 시상식 작품상에 빛나는 영화 〈노예 12년〉의 한 장면이다. 영화 〈노예 12년〉은 솔로몬 노섭(1808~?)이라는 흑인이 겪은 실화를 바탕으로 만들어졌다. 솔로몬은 1853년에 자신의 처절했던 경험을 르포 형식의 자전적 수기로 발간했는데, 그 작품이 원작이다. 그는 흑인이지만 자유인으로서, 뉴욕에서 능력을 인정받는 유능한 바이올리니스트였다. 언제나 자신을 지지해 주는 사랑하는 아내와 두 자녀도 있던 그가 하루아침에 비극의 주인공이 된다. 어느 날 워싱턴에서 왔다는 브라운과 해밀턴이 상당한 연주료를 주겠다는 달콤한 제안을 하면서 술을 권했는데, 눈을 떠 보니 어디인지 모를 곳에 납치된 상태였다. 그들은 솔로몬을 무자비하게 구타하면서 강제로 노예 신분으로 만든 후에 버치라는 사람이 운영하는 노예 수용소로 넘긴다. 그는 노예 수용소에서 가혹한 폭력을 당한 끝에 노예 '플랫'이 되어 팔려 나가는 신세가 되었다.

어떻게 이런 일이 일어날 수 있었을까? 영화 〈노예 12년〉의 역사적 배경은 1840년대이다. 콜럼버스의 신항로 개척 이후 240여 년이 흐른 때였다. 그 당시 북아메리카 대서양 연안에 있던 영국의 식민지 중 13개 주가 본국에 맞서 치열한 독립 전쟁을 펼친 끝에 세계 최초로 삼권 분립에 의한 공화국이 되어 하루가 다르게 발전을 거듭하고 있었다. 활발한 서부 개척을 통해 태평양 쪽으로 영토를 넓혀 가던 미국은 프랑스에서 루이지애나주를 사들이고, 에스파냐와의 전쟁에서 승리하여 플로리다주를 넘겨받으면서 더욱 확장되었다.

여기서 문제는 주마다 주 정부가 있어서 법이 각기 다르다는 것이다. 어떤 주는 '자유주'라고 하여 흑인들도 자유 시민으로 생활할 수 있었지만, 목화 산업이 주요 산업인 남부에는 흑인 노예가 사람 취급을 받지 못하고 채찍과 중노동에 시달려야 하는 '노예주'가 있었다. 점차 나라가 발전할수록 노예 인권 문제가 뜨거운 이슈로 떠오르게 되었고, 노예 폐지론자들의 운동에 힘입어 1808년에 토머스 제퍼슨(1743~1826) 대통령은 노예무역을 법으로 금지시키는 조치를 내렸다.

이 조치로 당장 발등에 불이 떨어진 이들은 남부 노예주들이었다. 그러자 자유주에서 흑인들을 납치해 노예주로 팔아 넘겨 막대한 이윤을 남기는 조직이 생겨난다. 솔로몬은 바로 그 희생양이 되어 루이지애나주로 팔려가 참혹한 노예 생활을 겪게 된다. 농장주들에게 팔려가

1846년 당시 미국의 노예주(분홍색)와 자유주(파란색)를 보여 주는 지도(출처: 위키피디아)

기 전에 그가 머물렀던 뉴올리언스의 수용소를 '노예 우리(Slave Pen)'
라고 칭하는데, 노예를 소 돼지와 같은 가축으로 생각했기 때문이다.

영화에서 솔로몬이 납치를 당한 해는 1841년으로, 1840년대에는
목화에서 씨를 쉽게 제거할 수 있는 조면기가 개발되어 수확하는 솜의
양이 폭발적으로 증가하고 있었다. 하지만 솜만큼은 꼭 사람 손으로
따야 했기 때문에 남부의 농장주들은 비싼 값을 주더라도 건강한 노예
를 구하려 했다.

모두가 **인간**임을 **포기**하던 **시절**에 만난
노예 폐지론자

신체가 건장했던 솔로몬은 두 번이나 노예로 팔려 다니며 갖은 수난을 겪는다. 특히 그의 두 번째 주인인 에드윈 엡스는 매우 폭력적이고 비인간적이어서 고통의 나날을 보내야 했다. 엡스는 노예들이 하루에 따야 하는 목화 솜 할당량을 200파운드로 정하고 이를 채우지 못하면 가혹한 매질을 했다. 솔로몬은 낮에는 목화밭에서 중노동에 시달리고 밤에는 엡스에게 불려 가 바이올린 연주를 해야 했다. 눈앞에서는 동료 노예들이 마치 조종당하는 인형처럼 엡스의 명령에 따라 피곤한 몸을 움직이며 춤을 추었다. 희망 없는 시련의 나날 속에서 솔로몬은 인간이 가진 자유 의지를 잃어버린 채 주인에게 굴종하며 살아야 했다. 그러던 어느 날, 노예 폐지론자였던 캐나다인 목수 베스와 함께 일을 하면서 반전이 일어난다.

미국에서 노예 폐지론이 처음 일어난 것은 1820년대로, 뉴저지 출신의 퀘이커 교도인 벤저민 런디가 중심이 되었다. 그는 노예제 폐지를 주장하는 신문을 발간했고, 해방된 노예들을 이주시킬 해외 장소를 찾으려 노력했다. 가장 대표적인 노예 폐지론자는 언론인이자 사회 개혁가인 윌리엄 로이드 개리슨이다. 그는 1831년에 보스턴에서 노예제 폐지를 강력히 주장하는 신문인 〈해방자(Liberator)〉를 발간했다. 노예 폐지론자들은 "즉각적이고 무조건적이며 완전한 노예 폐지"를 적극적으로 주장하면서 조직적인 폐지 운동을 전개해 나갔다. 영화의 배경인 1840년대에 이르면 미국의 노예 폐지론자는 15,000여 명에 달했는데, 베스가 그 중 한 명이었던 것이다.

베스는 북부의 친구들에게 연락해 달라는 솔로몬의 부탁을 잊지 않고 들어주었다. 연락을 받은 지인들이 지역 보안관과 함께 농장을 찾아와 그는 마침내 지옥 같은 농장을 떠날 수 있었다. 하지만 솔로몬은 장장 12년을 노예로 지내며 세월을 흘려보내야 했다.

콜럼버스의 탐험, 그리고 아메리카 원주민들의 수난

그렇다면 앞서 잠시 언급했듯이, 아프리카에 살던 흑인들이 어쩌다가 아메리카로 넘어와 노예의 삶을 살게 된 것일까? 솔로몬의 조상인 아프리카 출신 흑인들의 역사를 거슬러 올라가 보자. 그 아픈 역사는 콜럼버스가 아메리카 대륙에 도착하면서부터 시작되었다. 이제는 대부분의 사람들이 알 듯이, 콜럼버스가 아메리카 대륙을 처음 발견했다는 것은 사실이 아니다. 아메리카 대륙에는 아스테카 문명, 마야 문명, 잉카 문명 등 고대부터 매우 발달된 문명이 꽃을 피우고 있었다.

그런데도 유럽인들은 콜럼버스가 도착한 아메리카를 주인이 없는 새로운 대륙이라 주장하며 아메리카 문명을 파괴하고 원주민들을 학살했다. 이러한 학살극을 처음 시작한 사람이 콜럼버스였다. 콜럼버스는 파렴치하고 매우 잔인했는데, 원주민들에게 금과 목화, 각종 진귀한 원자재를 요구하면서 공포심을 유발하기 위해 원주민들의 귀와 코를 베어 버렸다. 처음 콜럼버스가 도착했을 때 원주민들은 자신이 가진 앵무새, 무명실 타래, 투창 등을 콜럼버스 일행에게 선물로 주었다. 그들의 선의를 콜럼버스는 잔인무도한 원주민 착취와 포획으로 돌려준 셈이다.

아메리카에 도착한 지 3년째인 1495년, 콜럼버스는 에스파냐 군인들을 동원하여 노예 사냥에 나섰다. 이때 무려 1,500여 명의 원주민을 산채로 잡았다. 그 중 가장 튼튼한 신체를 가진 원주민 500명을 에스파냐로 보냈고, 처음 겪는 장거리 항해 과정에서 제대로 먹지도 못한 원주민 200여 명이 목숨을 잃었다. 간신히 에스파냐에 도착한 원주민들은 우리에 갇혀 유럽인들의 구경거리가 되거나 노예로 팔려가 중노동에 시달려야 했다. 이사벨 여왕에게 약속한 금을 더 많이 확보하기 위해 콜럼버스는 노동 할당량을 채우지 못한 원주민들의 손목을 절단하기도 했다. 3개월 동안 할당량을 채우지 못하면 죽음을 당하기 때문에, 원주민들은 살아남기 위해 잠도 자지 못하고 미친 듯이 일을 했다. 여성 원주민들은 더 끔찍한 일을 겪어야 했다. 에스파냐 본국에서 온 군인들에게 성적으로 착취를 당하고 원치 않는 임신을 하기도 했다. 콜럼버스는 도망친 원주민들을 잡아 불에 태워 죽이기도 했다.

아메리카 **원주민**의 **자리**를 **대신**한 **아프리카**의 **흑인** 노예

아메리카의 원주민들은 날마다 더욱 더 많이 죽어 갔다. 그들을 특히 죽음에 이르게 한 것은 유럽인이 들여온 각종 병균과 전염병이었다. 그중에서도 천연두 균은 콜럼버스 이상으로 잔인한 정복자였다. 잉카 문명의 멸망을 이끈 피사로 (1475?~1541)가 에스파냐에서 불러들인 군인들로부터 남미 대륙 전체로 퍼져 나갔다. 군대의 진군 속도보다 전염병이 확산되는 속도가 더 빠를 정도였다. 그로 인해 1519년에 또 다른 정복자 코르테스가 아스테카 문명에 도착했을 당시 2,500만여 명이던 원주민 인구가, 불과 50년도 채 지나지 않은 1565년에는 10분의 1인 250만여 명으로 줄어들었다.

뿐만 아니라 유럽인들은 아메리카 대륙에 사탕수수, 카카오 등을 집중적으로 재배하는 플랜테이션 농장을 세우고 원주민을 노예로 부렸다. 그리고 그 원주민들이 전염병에 걸려 죽어갈 때 그들을 치료하는 비용과 또 다른 식민지인 아프리카에서 튼튼한 흑인을 노예로 데려오는 비용을 손익 계산한 후, 원주민은 그냥 죽게 두고 아프리카에서 흑인 노예를 들여왔다.

이 과정을 거치며 백인과 원주민 사이에서 태어난 혼혈인이 다시 백인 혹은 원주민, 혹은 흑인과 결혼하여 다양한 인종이 탄생한 결과, 아

인질로 납치되어 12년간 노예 생활을 해야 했던 솔로몬 노섭(Solomon Northup)(출처: 위키피디아)

메리카는 인종 박물관과 같았다. 간혹 양심 있는 백인 중에는 솔로몬을 고향으로 돌아가게 해 준 목수 베스 같이 노예의 인권을 돌아보고 즉각적인 노예 폐지를 주장한 노예 폐지론자들이 있었다. 그들은 적극적으로 노예 제도 존속을 주장하는 사람들과 혈전을 벌였는데, 베스는 영화 속에서 이렇게 말한다. "노예제는 병이오, 이 나라를 지배하는 끔찍한 병! … 애초에 무슨 권리로 저 사람들을 부린단 말이오?"

이 대사는 실제 자전 수기를 쓴 솔로몬 노섭이 미국 사회를 향해 외치는 말이기도 하다. 그는 노예 생활에서 풀려난 후, 자신과 같이 억울한 상황에 처한 흑인들의 인권을 위해 발벗고 뛰는 인권 운동가로 살았다. 솔로몬의 수기는 《톰 아저씨의 오두막(Uncle Tom's Cabin)》(1852)과 함께 노예 해방의 필요성을 강력히 역설하며 남북전쟁(1861~1865)에 큰 힘을 실어 준 주요 작품이다.

인간을 짐처럼 싣다, 노예선

흑인들은 신체검사를 위해 발가벗겨진 채 노예선에 태워져 쇠사슬에 묶인 상태로 3개월을 항해하여 아메리카에 도착했다. 항해하는 동안 괴혈병을 비롯한 각종 질병에 시달리다가 그중 약 15~33퍼센트가 목숨을 잃었다. 노예선에서 고작 폭 18인치(45센티미터), 길이 72인치(182센티미터)의 공간에 흑인들을 구겨 넣고, 더 많은 노예를 태우기 위해 옆으로도 채워 넣었다. 1784년의 프랑스 노예선을 보면, 승무원은 45명인데 노예는 600명이

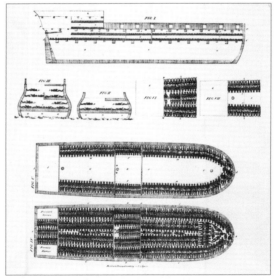

노예선의 내부 도면도. 노예들이 배 곳곳에 짐처럼 빽빽하게 실려 있다(출처: 위키피디아).

넘었다. 식량은 45명 승무원의 항해를 위해 50톤을 실었지만, 600명이 넘는 노예를 위한 식량은 25톤에 불과했다. 흑인들의 3분의 1이 배에서 죽어 바다에 던져졌고, 생존하여 아메리카에 도착한 흑인들은 풍토병과 여러 질병을 이기지 못하고 죽어 갔다.

아메리카 대륙에는 17~18세기 동안 약 200만 명의 흑인 노예들이 수입되었다. 노예무역에 가장 열정적이었던 나라는 세계 최고 해군력을 자랑하던 영국으로, 국가 수입의 3분의 1이 노예무역에서 비롯된 것이었다. 영국의 노예 무역선은 연간 44,000여 명의 흑인들을 아프리카에서 아메리카로 실어 날랐다.

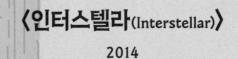

〈인터스텔라⟨Interstellar⟩〉

2014

#기후 위기 #환경 문제 #우주 탐사의 역사

지구 환경 위기에서
인류는 살아남을 수 있을까?

🌐 세계사 연표

1969년 아폴로 11호 달 착륙

1991년 인터넷(월드와이드웹) 탄생

2019년 코비나 19 팬데믹 유행 시작

2022년 NASA, 제임스웹우주망원(JWST)으로
　　　1,150광 년 떨어진 외계 행성에서
　　　물 형태 물질 최초 발견

🦶 그때 우리는

1970년 경부 고속도로 완성

1978년 고리 원자력 1호 발전기 점화

1997년 국제통화기금(IMF)관리 체제 돌입

2022년 한국형 발사체(누리호·KSLV-II)
　　　발사 성공(세계 7대 우주 강국 반열)

이상 기후로 발생한 거센 모래 폭풍에
야구장 관중들이 서둘러 탈출한다.

지구가 펄펄 끓고 있다. 100년 만에 관측된 이상 고온으로 프랑스 남부 도시들은 42도를 넘었고, 와인 생산지로 유명한 보르도에서는 대형 산불이 일어나 약 6,800헥타르가 불에 타는 바람에 주민 3만여 명이 생명의 위협을 느끼며 급히 대피해야 했다. 포르투갈에서는 한낮 최고 기온이 47도에 달했다. 영화 속 이야기가 아니라 2022년의 상황이다. 만약 탄소 배출량을 줄이지 못해 기후 위기가 계속되고 인류가 멸종하는 절체절명의 상황에 처한다면, 지구와 비슷한 환경의 행성을 찾아 우주로 가는 것을 모색할지도 모른다. 현재 지구와 인류가 직면한 모든 상황을 고스란히 영화 속에 재현시킨 명작이 〈인터스텔라(Interstellar)〉이다. 마치 머지않은 미래에 인류가 실행할 우주 개척을 시뮬레이션하는 것 같다. 우주의 다른 행성에 지구의 식민지를 세우는 것은 가능한 일일까? 웜홀을 통해 할 수 있는 일은 무엇이며, 블랙홀의 실체는 어떤 모습일까? 무엇보다 지구와 인류의 미래는 어떤 모습일까? 영화와 함께 미래에 닥쳐올 인류 생존의 해결책을 미리 탐사해 보자.

거센 **모래 폭풍**에 휩싸인 **지구**를 두고
우주로 **떠나**야 했던 **이유**

2067년 4월 15일 오후 1시 반경이었다. 수많은 사람들이 야구 경기장에서 흥미진진하게 야구 경기를 보고 있었다. 그때였다. 갑자기 사이렌이 울리더니 거대한 모래 폭풍이 불어와 야구 경기장과 도시 전체를 뒤덮었다. 한치 앞을 보기 힘든 흙먼지 속에서 사람들은 서둘러 고글과 마스크를 쓴다. 이 영화는 2019년에 코비나 19 바이러스(COVID-19) 팬데믹이 닥치기 전에 만들어졌는데, 모두가 마스크를 쓴 모습이 마치 5년 후 지구촌을 덮은 재난을 예견하는 것만 같아 한편 놀랍기도 하다.

〈인터스텔라〉는 세계적인 거장 크리스토퍼 놀란 감독과 상대성 이론을 공부한 그의 동생 조나단 놀란이 4년에 걸쳐 공동 작업한 시나리오로 완성되었다. 조나단 놀란은 1981년부터 지구 궤도를 돌며 승무원을 실어 나르던 우주 왕복선 프로그램이 2011년에 종료되고, NASA에 화성 탐사 예산이 부족하다는 소식에 충격을 받아 그 내용을 시나리오로 풀어냈다. 영화는 제87회 아카데미 시상식에서 시각효과상, 미술상, 음악상, 음향상, 음향편집상 등 5개 부문에 이름을 올렸고 그 중 시각효과상을 수상했다.

영화의 시점은 2067년. 영화의 주인공 쿠퍼는 매우 뛰어난 NASA의 우주선 승무원이었는데, 조종은 물론 엔지니어로서 탁월한 기술을 갖고 있었다. 그러나 현재는 농부로 살고 있다. 지구에 기후 위기가 닥쳐와 모래 폭풍이 불고 황사와 흙먼지가 가득한 환경에서 농업으로만 겨우 삶을 유지할 수 있기 때문이다. 그마저도 매년 수많은 농작물이 경작을 할 수 없는 상태로 죽어 가서 밀 농사를 포기한다. 식량이 부족한 지구에서 가장 중요한 산업이 된 농사에 도움은 주지 못하고 예산만 많이 들어가는 NASA는 문을 닫은 지 오래다. 감독은 아내를 먼저 보낸 쿠퍼가 함께 사는 장인과 나누는 대화를 통해 2067년의 지구가 직면한 파멸의 이유를 풀어낸다. "내가 어렸을 땐 매일 매일이 크리스마스 같았어. 매일 새로운 물건과 아이디어가 생겨났지. 하지만 60억 명의 모든 사람이 그 모든 것을 다 가지려 했어…"

　장인의 말은 현재 우리가 살고 있는 삶의 모습을 나타내고 있다. 인류가 이렇게 소비하다보면 미래 지구에 영화 같은 종말의 날들이 올 수 있다는 사실을 깨닫게 한다. 또한 학교 교사들은 닐 암스트롱의 전설적인 달 착륙은 소련을 자극시키기 위한 사기극이었으며, NASA에서 일하는 엔지니어보다 훌륭한 농부를 키워 내는 것이 환경이 파괴된 현재의 지구에서 필요한 일이라고 주장한다. 그들의 말을 대변하듯이 영화 속 지구의 상황은 절망적이다. 대기는 흙먼지로 뒤덮여 인간의 폐를 망가트리고 어린이들은 숨을 쉬지 못해 콜록거리다가 목숨을 잃는다. 식탁에는 모든 그릇을 뒤집어 두어야 한다. 흙먼지가 식기 안에 수북이 쌓이기 때문이다. 밀에 이어 곧 옥수수도 재배가 불가능하게 될 것이고 그렇게 되면 지구는 멸망할 것이다. 그런데 감독은 이 절체절명의 종말적 상황 속에서도 '희망'을 말한다. 인간에게 불굴의 의지와 시공간을 초월하는 가족을 위한 사랑과 용기가 있다면, 얼마든지 위기를 극복할 수 있다는 '희망'의 메시지를 전달한다.

달 탐사와 우주 개발을 이끌었던 나사가 지하로 숨어든 까닭은?

영화의 본격적인 이야기는 쿠퍼가 자신의 딸 머피의 방에서 중력 변화로 나타난 이진법 패턴의 좌표를 해득하여 지하에서 비밀리에 운영되고 있는 NASA를 찾아가는 것으로 시작된다. NASA는 미국 항공우주국(National Aeronautics and Space Administration, NASA)으로, 소련에 의한 '스푸트니크 충격'이 창설의 직접적인 계기가 되었다. '스푸트니크 충격'이란 정치, 경제, 과학, 정보 등 모든 면에서 미국의 경쟁국이었던 소련이 1957년 10월 4일에 세계 최초로 인공위성 스푸트니크 1호를 성공적으로 발사한 것에 대한 충격을 말한다. 소련이 세계 최초로 인공위성 발사에 성공했다는 것은 대륙과 대륙을 넘어 핵탄두를 장착한 미사일도 쏘아 올릴 수 있다는 것을 의미했고, 이는 미국은 물론 자본주의 진영에 엄청난 충격을 주었다. 미국의 아이젠하워 대통령은 스푸트니크 1호 발사 다음 해인 1958년, 미국 대통령 직속 기구로 NASA를 설립하여 소련에 맞서기

달에 착륙한 후 암스트롱이 촬영한 올드린의 모습(출처:위키피디아)

위한 우주 개발에 박차를 가했다. 그 결과 NASA는 1969년 7월 21일 02시 56분 15초, 세계 최초로 유인 우주선 아폴로 11호를 달에 착륙시키는 데 성공했다. 우주 조종사 닐 암스트롱에 이어 버즈 올드린이 2시간 30분 동안 달 표면을 걸어 다니며 달을 탐사했다. 그리고 21.5시간 후에 달 궤도를 돌고 있던 마이클 콜린스가 운행하는 사령선에 성공적

4장 지구 환경 위기에서 인류는 살아남을 수 있을까?

으로 도킹하여 지구로 귀환했다. 머큐리(1인승 인공위성 발사 계획)부터 달에 인간을 착륙시키는 아폴로 계획을 성공적으로 진행시킨 NASA 는 화성을 비롯한 다른 행성을 탐사하는 무인 로봇 탐사선들을 우주로 보냈고, 국제우주정거장(ISS)을 성공적으로 건설하는 등 인류 우주 탐사의 중심 역할을 수행했다.

그런데 2067년 시점을 그린 영화 〈인터스텔라〉에서는 화려한 조명을 받아 왔던 NASA가 공식적으로 폐지된 지 오랜 시간이 지났으며, 심지어 닐 암스트롱의 달 착륙은 소련과의 경쟁 과정에서 조작된 사기극으로 교과서에 수정되었다는 등의 충격적인 내용을 담아낸 것이다. 지구의 환경오염이 심각해지자 모래 폭풍 속에서 살아남을 수 있는 농산물 개발이 최우선이기 때문에, 우주 개발에 예산을 낭비할 수 없다는 여론이 빗발치듯 일어났다는 설정에서 우리는 미래 지구 환경 위기를 간접적으로나마 느낄 수 있다.

영화에서 존폐 위기에 처한 NASA는 저명한 물리학 박사인 존 브랜드 박사를 중심으로 비밀기지에서 인류를 구할 비밀 프로젝트를 수행하고 있었다. 브랜드 박사가 추진하고 있는 두 가지 계획 중 플랜 A는 중력을 조작할 수 있는 반중력 추진 방정식을 풀어내어 인류가 이주할 만 한 물과 흙이 있는 우주 정착지를 개발하는 것이고, 플랜 B는 5,000개의 냉동 인간 배아를 실은 엔듀런스 우주선을 발사하여 거주 가능한 행성에 정착시키는 것이다. 브랜드 박사는 이미 12개의 다른 은하계

행성에 12명의 자원 탐사자를 파견한 상태였다. 그들은 48년 전에 미지의 존재들이 만든 웜홀을 통해 태양계를 빠져 나와 거대한 힘을 갖고 있는 가르강튀아 블랙홀 근처의 다른 은하계에 도달했다. 그 12명 중 3명이 도착한 행성이 지구와 같은 조건을 갖추고 있다는 보고를 받게 된다.

쿠퍼는 브랜드 박사의 설득 끝에 격렬하게 반대하는 딸에게 "반드시 돌아온다"는 약속을 하고는, 딸 머피와 같은 미래 세대의 생존을 위해 다른 일행들과 함께 우주로 떠난다.

기후 위기에 처한 지구와
우주 탐사에 대한 전망

영화는 오늘날의 현대 사회가 가진 문제가 미래에 어떤 결과를 가져올지 보여 주고 있다. 가장 실감나게 재현한 것이 기후 문제이다. 영화에서는 모래 폭풍과 황사로 인한 대기 오염이 지구를 파국으로 몰아간다. 현실에서도 국가마다 배출하는 온실 가스 배출량이 늘어 지구 온난화가 급속히 진행되고 있다. 세계 곳곳에서 폭염과 혹한, 가뭄과 폭우, 태풍 등의 이상 기후가 나타나고 있고, 북극의 빙하가 빠른 속도로 녹고 있다. 지구 온도가 지금보다 3도 오르면 중국 상하이, 쿠바 아바나, 호주 시드니 등 전 세계 50개 주요 도시가 물에 잠기게 된다. 우리나라의 김포공항과 인천시, 부천시도 물에 잠긴다. 그 시한은 점점 빨라져 2100년으로 예상되던 것이 2060년으로 40년 앞당겨졌다.

영화는 폐질환으로 사망하는 어린이들의 죽음을 통해 현대 사회의 저출산 문제와 함께 에이즈, 사스, 에볼라, 메르스, 코비나 19 등 바이러스의 확산을 대변한다. 영화에서 보통 사람들은 대기 오염으로 죽어가는데, NASA가 지하에 만든 비밀 기지 덕분에 일부 기득권층은 안선한 대기 환경 속에서 살고 있다. 마찬가지로 현실에서도 기후 위기 상황에서 부유한 사람들이 안전한 고지대를 독차지하고 이민자나 빈곤한 자들은 열악한 지역으로 내몰리는 '기후 젠트리피케이션' 현상이 일어나고 있다. 이 같은 기후 위기는 영화에서 볼 수 있듯이 식량 위기 문제를 일으킬 수 있다. 식량이 부족하면 식량을 확보하기 위한 지역 분쟁이 확대되어 핵전쟁으로 나아갈 수도 있다. 핵전쟁이 일어나면 인류는 영화에서처럼 우주로 탈출도 하지 못하고 멸종하게 될 것이다.

만약 인류 문명이 발전하여 미래에 영화와 같이 웜홀을 통해 시간 여행이 가능해진다면 어떨까? 기후 위기를 초래한 과거로 돌아가 탄소 배출량을 줄이고, 우리의 건강을 위협하고 있는 플라스틱의 배출량도 줄이는 등의 지구를 되살리기 위한 적극적인 노력을 해야 하지 않을까?

영화는 생명공학과 정보 통신 공학, 우주 공학에 대한 미래의 전망도 담고 있다. 플랜 B의 5,000개의 냉동 인간 배아가 성공적으로 지구를 닮은 행성에서 배양되더라도 부모 없이 부화한 인간들의 윤리, 도덕, 인권 문제가 심각하게 대두될 것이다. 쿠퍼와 함께 우주로 간 로봇 타스나 탭스는 4차 산업 혁명 이후 하루가 다르게 개발되고 있는 인공 지능이 어디까지 발달할 수 있는지 또한 보여 준다.

한편으로 우주 탐사가 미래 지구의 구원자가 될 수도 있다. 우주 탐사는 현재 진행형으로, NASA를 중심으로 활발히 전개되고 있다. 2022년 NASA의 프로젝트인 실험장비 '목시(Moxie, Mars Oxygen In-Situ resource utilization Experiment)'가 화성 대기의 이산화탄소에서 시간당 6그램의 산소를 생성해 내는 데 성공하기도 했다. 이를 바탕으로 크기를 키운 목시는 나무 수백 그루에서 뿜어내는 엄청난 양의 산소를 만들어 낼 수 있으며, 이 산소는 사람이 화성에 거주할 때 큰 도움을 줄 것으로 기대 중이다. 그런가 하면 NASA는 아폴로 17호 발사 이후 멈추었던 달 탐사를 유인 달 탐사선 '아르테미스 1호'로 50여 년 만에 재개했다. 중국 역시 세계 최초로 2019년에 창어 4호가 달 뒷면 착륙에 성공했다.

우리나라도 2022년에 한국형 발사체 누리호(KSLV-II)를 지구 상공 700킬로미터 궤도에 올려놓는 데 성공하여 1톤 이상 되는 실용 위성을 실어 우주로 올린 세계 7번째 국가가 되었다. 누리호는 설계와 제작, 시험과 발사 및 운용까지 모두 순수한 한국 기술로 만들어진 첫 우주 발사체여서 더욱 의미가 크다. 또 우리나라 최초로 약 600만 킬로

2023년 5월 25일, 3차 발사에 성공한 누리호의 모습(출처: 한국항공우주연구원)

미터를 이동한 다누리호가 2022년 12월 27일에 달 궤도에 성공적으로 안착했다. 2023년 5월 25일에는 누리호 3차 발사에 성공하면서, 우리나라 역시 국산 로켓 발사 서비스 상용화에 한 발 다가서는 중이다. 우주 탐사는 인류의 생존을 위해 인류가 가지고 있는 모든 지혜와 기술을 총동원하여 전력으로 힘을 기울일 필요가 있는 미래의 희망이다.

웜홀(Wormhole)은 '벌레 구멍'?

영화 〈인터스텔라〉는 우주의 '웜홀'을 통한 시간 여행을 바탕으로 이야기
가 전개된다. 웜홀은 벌레를 뜻하는 '웜(Worm)'과 구멍을 나타내는 '홀
(hole)'의 합성어로, 직역하면 '벌레 구멍'을 말한다. 웜홀은 우주에서 서
로 다른 시공간을 연결하는 구멍 또는 통로를 말하는데, 물리학 이론에 의
하면 웜홀을 통해 우주에서 먼 거리를 가로질러 지름길로 여행할 수 있다.
이 영화를 제작할 때 웜홀에 대한 세계적인 권위자인 캘리포니아 공과대학
종신 교수 킵손 박사의 자문을 받기도 했다.

그런데 왜 이 공간을 '웜홀'로 부르게 되었을까? 처음 이 이론을 발표한 헤
르만 와일이 명명한 이름은 '단방향의 튜브(One-Dimensional Tubes)'였
다. 이후 '아인슈타인-로젠 다리(Einstein-Rosen bridge)'로 불리다가
1957년, 휠러가 찰스 마이스너와의 공동 논문을 발표할 때 처음 '웜홀'이
라는 단어를 사용했다. 벌레가 사과에 파 놓은 구멍을 타고 이동하면 빠르
게 반대편으로 갈 수 있다는 의미에서다. 웜홀을 통해 시간 여행은 가능하
다. 하지만 블랙홀 안의 강한 중력장 때문에 안전은 보장할 수 없다. 또 웜
홀은 매우 불안정해서 빠른 시간 안에 닫히므로, 음의 에너지를 갖는 물질
을 이용하여 자연스럽게 만들어지게 하는 등의 안전장치가 필요하다. 웜
홀의 시공간에는 닫힌 시간적 곡선이 있어, 그 경로를 따라가면 쿠퍼처럼
자신의 과거에 도착할 수 있다고 한다. 웜홀은 지금도 계속 연구 중이다.

영화별
세계사 포인트
알고 가기!

〈다빈치 코드(The Da Vinci Code)〉(2006)　　　　르네상스 시대

〈레 미제라블(Les Miserables)〉(2012)　　　　프랑스 혁명

〈타이타닉(Titanic)〉(1998)　　　　이민자들의 아메리칸 드림

〈서프러제트(Suffragette)〉(2016)　　　　여성 참정권 운동

2부

사회 문화관

오늘날의 우리 삶을 일구고
풍요롭게 만든 이들의 이야기

〈다빈치 코드(The Da Vinci Code)〉
2006

#르네상스 운동 #레오나르도 다 빈치 #휴머니즘 #프리메이슨

르네상스 시대의 걸작품에
숨겨진 비밀 코드는?

🌐 세계사 연표	🏃 그때 우리는
1450년경 구텐베르크, 42행 성서 인쇄	1441년 측우기 설치
1453년 비잔티움 제국 멸망	1446년 훈민정음 반포
1498년 레오나르도 다 빈치, 〈최후의 만찬〉 완성	1451년 《고려사》 완성
1506년 레오나르도 다 빈치, 〈모나리자〉 완성	1506년 중종 반정

루브르 박물관에서 레오나르도 다 빈치의 〈인체 비례도〉 자세로 죽은 이의
비밀을 파헤치기 위해 랭던과 소피가 추격자들을 따돌리며 달려 나가고 있다.

14세기에 이탈리아 북부를 중심으로 일어난 르네상스 운동은 16세기에는 알프스 이북을 넘어 유럽 전역으로 퍼져 나갔다. '르네상스(Renaissance)'란 '부활', '재생'을 뜻하는데, 프랑스의 역사가 쥘 미슐레(1798~1874)가 자신의 저서 《프랑스사》(1855)에서 처음 사용한 시대 용어이다. 신을 경배했던 중세 시대의 사고관에서 벗어나 인간 중심의 그리스 로마 문화를 부활시키고 재탄생시키려는 운동이었다. 중세 말에 200여 년 동안 계속된 십자군 전쟁이 결국 실패하고 흑사병까지 대유행하자, 신에 대한 믿음에 회의를 가진 사람들은 긴긴 중세의 터널에서 빠져 나와 인간의 존엄성을 소중히 생각하는 르네상스 운동을 펼치게 되었다.

이 시기에 휴머니스트로 불리는 인문주의자들이 그리스 고전을 활발하게 연구하면서 인간적인 것을 중시하는 '휴머니즘(Humanism)'이 시대 풍조가 되었다. 예술가들은 성서의 내용을 그리면서도 그 내용은 고대 그리스 로마 문화를 되살리도록 했고, 인체미를 중시하는 예술품을 남겼다. 르네상스 시대를 대표하는 3대 예술가 중에는 천재로 손꼽히는 레오나르도 다 빈치(1452~1519)가 있다. 영화 〈다빈치 코드〉는 그의 대표작인 〈모나리자〉에 숨겨진 코드가 있다는 가정 하에 이야기를 펼쳐 나간다. 영화에 등장한 절대 밝혀져서는 안 될 신의 비밀을 지켜온 비밀 결사 조직, 시온 수도회는 정말 존재했을까? 레오나르도가 그린 또 하나의 걸작 〈최후의 만찬〉에는 어떤 비밀이 숨겨져 있을까? 신과 인간 사이에서 인간 본연의 모습을 되찾기 위해 노력한 르네상스 시대 걸작품들을 배경으로 한 이 영화를 통해 성서가 기록하지 않은 예수의 비밀을 추적해 보자.

암호를 쫓는 이들, 그리고
비밀 결사 조직 '프리메이슨'

한 사람이 공포에 질린 모습으로 쫓기고 있다. 그가 달리는 곳은 다름아닌 세계적인 걸작품들이 가득 걸려 있는 루브르 박물관 대회랑이다. 결국 살인마에게 붙잡혀 자신이 가진 비밀을 폭로당한 그는 마지막 힘을 다해 자신의 시신으로 다잉 메세지(Dying Message)를 남기고 죽는다. 완전히 발가벗은 그의 몸은 레오나르도 다 빈치의 작품 〈인체 비례도〉의 자세를 취하고 있고, 배위에는 피로 휘갈겨 쓴 어떤 숫자가 적혀 있다.

영화 〈다빈치 코드(The Da Vinci Code)〉는 이렇게 시작된다. 이 영화는 미국 작가인 댄 브라운이 2003년에 발표하여 폭발적 인기를 얻은 베스트셀러 《다빈치 코드》를 영화화한 작품이다. 〈다빈치 코드〉는 상영 전부터 기독교계의 엄청난 반발을 일으키며 큰 화제를 몰고 왔다.

그 이유를 영화를 통해 알아보자.

첫 장면에서 충격적인 모습으로 죽음을 맞이한 사람은 루브르 박물관의 수석 큐레이터 자크 소니에르이다. 그의 수사를 맡은 프랑스 수사국의 파슈 국장은 하버드대 교수이며 종교 상징학 교수인 로버트 랭던을 불러온다. 당시 파리에서 특별 강연을 하고 있던 랭던은 "오랫동안 왜곡되어 왔던 역사를 밝혀내는 것이 우리의 사명이다"라는 말로 강연을 마치는데, 이 말은 앞으로 이 영화가 바로 그 일을 해낼 것임을 암시한다. 랭던은 현장에서 프랑스 암호 해독 요원이자 소니에르의 손녀인 소피를 만나, 소피가 유력한 살해 용의자로 지목된 사실을 알게 된다. 둘은 파슈 국장의 추적을 따돌린 후 소니에르가 남긴 단서를 피보나치 수열과 애너그램으로 풀어내어 그 단서가 레오나르도 다 빈치의 대표작 〈모나리자〉를 가리키고 있음을 알아낸다.

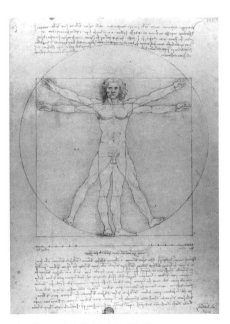
레오나르도 다 빈치의 〈인체 비례도〉(출처:위키피디아)

랭던은 소피에게 〈모나리자〉가 여성을 부각시키기 위해 지평선의 왼쪽을 오른쪽보다 낮

1장 르네상스 시대의 걸작품에 숨겨진 비밀 코드는?

게 그렸다고 말한다. 이것은 영화의 복선으로 그동안 로마 가톨릭 교회가 사제는 오직 남성만이 할 수 있다는 등 남성 중심의 성직자 제도로 운영해 온 것을 비판하며 여성성을 강조하는 내용으로 영화가 전개될 것임을 암시한다.

이후 영화는 가톨릭 주교 등 고위 사제들이 소속된 오푸스데이 비밀 결사 조직이 시온 수도회가 오랜 세월 지켜 온 비밀 장소를 찾아내기 위해 그들을 쫓는 추적극 형식으로 진행된다. 여기서 비밀 결사란 입당식, 조직 과정, 구성원, 소재지 등을 모두 비밀로 한 조직을 말한다. 영화 〈다빈치 코드〉에는 오푸스데이와 시온 수도회가 비밀 결사 조직으로 등장하지만, 실제 서유럽의 가장 대표적인 비밀 결사 조직은 중세 시대에 조직되어 오늘날까지 이어지는 '프리메이슨(freemason)'이다. '컴퍼스와 자'로 구성된 프리메이슨의 상징물을 통해 그 기원을 추적해 보면, 중세의 '석공 길드'가 그 출발점이었을 것으로 보인다. 프리메이슨은 서로를 '형제'로 부르며 길드의 장인에 해당하는 '마스터 메이슨(Master Mason)'의 책임 하에 철저히 모든 활동이 비밀로 진행되었다.

프리메이슨의 목표는 세계 시민적인 박애 정신과 인도주의와 자유, 평등의 실현에 있으며, 시민과 노동자의 권리를 주장하는 진보적 성향을 띠었다. 따라서 보수적인 가톨릭 교회에서는 프리메이슨을 반대했으며, 교회 일원이 프리메이슨 단원으로 밝혀지면 교회법에 의해 파문에 처했다. 그러한 박해에도 프리메이슨은 전 세계적인 비밀 조직이

프리메이슨의 상징 중 하나로, 컴퍼스와 직각자가 결합된 다윗의 별은 남자와 여자, 하늘과 땅, 정신과 물질 등 세계의 이원성이 융화된다는 것을 표현한다(출처: 위키피디아).

되어 세력을 확장해 나갔다. 멕시코 혁명, 프랑스 혁명, 러시아 혁명을 지원하는 활동을 은밀히 펼쳤고, 독일의 프리메이슨 단원은 가슴에 물망초 꽃을 달아 유대인을 대량 학살한 홀로코스트를 잊지 않겠다는 입장을 단원들끼리 공유하기도 했다. 나폴레옹, 마르크스, 조지 워싱턴 등은 한 손을 옷 속에 넣은 수신호를 통해, 모차르트는 그의 오페라 〈마술피리〉에 프리메이슨 입회 의식인 문을 세 번 두들기는 행위를 의도적으로 넣어 프리메이슨 단원으로 추정되기도 한다.

신성의 시대에서 인간 중심의 시대로 나아간 르네상스 시대

영화 〈다빈치 코드〉는 예수가 마리아 막달레나를 품어 아이를 낳았으며 그녀에게 교회 공동체를 이끌어 갈 책임을 주었다는 비밀을 폭로하는 내용이다. 그런데 그 비밀 코드를 담고 있는 작품으로 레오나르도 다 빈치의 작품을 선택했다. 왜 하필이면 레오나르도 다 빈치일까? 그가 서유럽 중세의 신 중심 시대에서 인간 중심의 시대로 복귀한 르네상스 시대를 대표하는 천재적 인물이기 때문이다. 영화에는 신성에 대해 의문점을 갖는 르네상스 시대의 자유롭고 합리적인 의식이 반영되어 있다. 영화의 시작 부분에서 다소 충격적으로 등장했던 레오나르도 다 빈치의 〈인체 비례도〉는 신에서 벗어나 인간 본연의 모습으로 돌아가겠다는 의지를 보여 주는 작품이다.

레오나르도가 활동했던 이탈리아 북부의 피렌체, 베네치아, 밀라노 등의 도시국가들은 십자군 전쟁 동안 동방 무역을 통해 엄청난 부를 축적하여 예술가들을 전폭적으로 지원해 줄 수 있었다. 그 대표 가문으로 피렌체 메디치 가문이 있다. 르네상스의 3대 예술가로 잘 알려진 미켈란젤로, 레오나르도 다 빈치, 라파엘로 모두 메디치 가문의 후원을 받은 사람들이었다. 미켈란젤로(1475~1564)는 시스티나 성당의 천정 벽화인 〈천지창조〉와 〈최후의 심판〉, 〈피에타〉, 그리고 다비드상 등의 조각품을 통해 아름다운 인체와 인간의 고뇌를 고스란히 담은 작품을 남겨 사람들의 찬사를 받았다.

〈모나리자〉, 〈최후의 만찬〉, 〈수태고지〉 등의 명작을 남긴 레오나르도 다 빈치는 30회 이상 시신을 해부하여 인체 구조를 연구한 '해부학의 아버지'이며, 파동 운동을 발견

레오나르도 다 빈치의 〈모나리자〉
(출처:위키피디아)

하고 공기 역학 및 헬리콥터 등의 비행 원리를 연구한 발명가이자 기술자였다. 영화 속 비밀의 중심이었던 작품 〈최후의 만찬〉은 예수 그리스도가 십자가에 처형을 당하기 전날 밤, 열두 제자들과 함께 가진 최후의 식사를 묘사한 그림으로, 밀라노의 산타마리아 델레 그라치에 교회의 의뢰를 받아 완성한 벽화이다.

그렇다면 영화에서 표현한 당시 작품들 속 내용들은 모두 사실일까? 먼저 〈최후의 만찬〉을 살펴보면, 사도 요한의 여성적 도상이나 성배의 묘사 여부, 마리아 막달레나의 위치 등 영화의 해석에 대해 전문 연구자들은 말이 되지 않는 주장이라고 말한다. 또한 영화의 원작인 소설 《다빈치 코드》에서는 시온 수도회가 제1차 십자군 전쟁 직후인

레오나르도 다 빈치의 <최후의 만찬>(출처: 위키피디아)

1장 르네상스 시대의 걸작품에 숨겨진 비밀 코드는?

1099년에 설립되었으며, 파리 국립 도서관에서 발굴된 시온 수도회 명단에 레오나르도 다 빈치, 아이작 뉴턴, 빅토르 위고 같은 거물들이 속해 있다고 묘사했다. 하지만 이 내용에 대해 크리스트교 종단은 즉각 반박했다. 시온 수도회는 1099년에 성립된 것이 아니라 1956년에 피에르 플랑타르라는 프랑스 몽상가가 설립하였으며, 명단도 그에 의해 1960년대에 파리 국립 도서관에 등록된 위조 문서라는 것이다.

한편 레오나르도 다 빈치와 동시대를 살았던, 당시 3대 화가 중 가장 젊은 나이인 37세에 생을 마친 라파엘로(1483~1520)는 미켈란젤로와 실력을 겨루는 라이벌 관계로 유명하다. 미남이어서 당대 여성들의 인기를 한 몸에 안았던 궁정화가로, 〈아테네 학당〉과 〈성모자상〉 등의 작품을 남겼다. 그들 외에도 르네상스 시대 작가들의 작품에는 인체의 아름다움이 환상적으로 잘 표현되어 있다. 보티첼리의 작품인 〈비너스의 탄생〉과 〈봄〉에는 그리스 여신들의 모습이 육감적으로 표현되어 있어 중세 시대의 미술 작품과 대조를 이룬다. 또한 르네상스 운동은 생각의 발상과 전환을 이끌어 내어 과학과 기술의 발전을 가져왔다.

예술작품 외에 과학적 업적들도 탄생했다. 폴란드의 과학자 코페르니쿠스(1473~1543)는 《천체의 회전에 관하여》를 출간하여 중세의 우주관을 뒤엎는 지동설의 혁명적인 발판을 마련했다. 코페르니쿠스에 이어 지동설은 갈릴레오(1564~1642), 케플러(1571~1630) 등에 의해 더욱 결정적인 증거들이 뒷받침되었다.

📽️ # 인류의 걸작, 〈모나리자〉의 수난사

2020년, 한 프랑스 기업가는 루브르 박물관 소장품인 레오나르도 다 빈치의 〈모나리자〉를 500억 유로에 팔아 불황의 늪에 빠진 프랑스 문화 예술계를 살려내자는 황당한 제안을 해서 세상을 깜짝 놀라게 했다.

〈모나리자〉는 피렌체의 유력 가문인 프란체스코 델 조콘도의 아내인 리자를 그린 초상화이다. 레오나르도는 1503년에서 1504년 사이에 초상화를 의뢰받아 작업을 하던 중, 1516년에 프랑스 국왕 프랑수아 1세의 초청을 받아 프랑스로 건너간 지 3년 만에 세상을 떠났다. 이후 〈모나리자〉는 그의 제자인 사라이에게 상속되었는데 프랑수아 1세가 모나리자를 사들이면서 퐁텐블로궁과 베르사유 궁전에 걸려 있다가, 프랑스 혁명 이후에 1797년부터 루브르 박물관 소장품이 되었다. 나폴레옹 1세 시절에는 한동안 튈르리 궁전에 있는 그의 침실에 걸려 있기도 했다. 그러던 중 1911년 8월 21일, 〈모나리자〉 도난 사고가 일어났다. 수사 당국은 프랑스의 시인인 기욤 아폴리네르를 범인으로 지목했고 심지어 그의 지인이었던 피카소까지 조사했지만 작품을 찾지 못했다. 범인은 루브르 박물관에서 인부로 일한 적이 있는 이탈리아 이민자 빈센초 페루자였다. 그는 이탈리아 작품은 이탈리아가 소장해야 한다는 신념으로 모나리자를 훔친 후 2년 동안 자신의 집 난로 밑에 숨겨 두었다. 빈센초는 1913년 11월에 피렌체 우피치 미술관장에게 모나리자를 매각하려다가 미술관장의 신고로 체포되었다. 하지만 민족의 영웅으로 받들어져 단 6개월을 복역하고 풀려났다. 이후 루브르 박물관에 반환된 모나리자는 1억 불의 보험액이 걸린, 세계에서 가장 비싼 예술품이 되어 기네스북에 올랐다.

〈레 미제라블(Les Miserables)〉
2012

#프랑스 혁명 #1832년 6월 봉기의 실패 #1848년 2월 혁명

2장

가난하고 불쌍한 자들이
외친 소리는 무엇이었을까?

바리케이드를 치고 삼색기를 든 채
자유를 갈망하는 파리 시민들

프랑스는 치열한 혁명의 시대를 거쳐 자유와 평등의 시대를 맞이했다. 그 시작은 1789년에 타오른 프랑스 대혁명의 불길이었다. 프랑스 신분제 사회에서 가장 낮은 제3신분이었던 시민들은 루이 16세와 마리 앙투아네트를 단두대로 처형하고 제1공화정 시대를 열었다. 이후에도 유럽 정복 전쟁과 7월 혁명, 산업 혁명이 휘몰아쳤다. 계속되는 혁명과 전쟁, 무능하고 부패한 왕정과 자본가들의 횡포 속에 민중들은 가난의 구렁텅이에 빠져들었다. 인간의 존엄성이라고는 찾아볼 수 없었던 인권 탄압과 단 한 끼도 해결할 수 없는 지독한 가난 속에서 파리 민중들은 몸과 마음을 팔고 영혼도 팔 정도가 되었다. 혁명의 시대를 관통하는 삶을 살았던 파리 민중들은 그들을 덮친 거센 파도 속에서 마지막 봉기의 횃불을 올렸다. 그 결과는 어떻게 되었을까? 혁명의 시대 속으로 들어가 보자.

2장 가난하고 불쌍한 자들이 외친 소리는 무엇이었을까?

19세기 프랑스 사회의 밑바닥으로 떨어진
'불쌍한 사람들'

억수같이 내리는 빗속에서 수많은 죄수들이 목에 두꺼운 쇠사슬을 걸고 거대한 갤리선을 끌어 올리며 체념과 굴종 속에 노래를 부른다. 조금이라도 일에서 뒤처지면 어김없이 채찍이 날아든다. 냉혹하기로 유명한 자베르 간수가 부리부리한 눈을 굴리며 꾀를 부리는 죄수가 없는지 끊임없이 살피고 있다. 자베르가 영화의 주인공인 장 발장을 가리키자, 그는 혼자서 닻줄이 끊어진 무거운 깃발을 있는 힘을 다해 들어 올린다. 그는 조카들의 배고픔을 보다 못해 빵 한 조각을 훔친 죄에 더해 4번의 탈옥 시도로 19년 동안 징역 생활을 하고 있다. 1796년에 수감되어 1816년에 겨우 가석방이 되었으나, 세상은 그에게 가시밭길 그 자체였다.

영화 제목인 〈레 미제라블(Les Miserables)〉은 '불쌍한 사람들'을 뜻한다. 〈레 미제라블〉은 톰 후퍼 감독이 19세기 혁명의 시대에서 힘겨운 삶을 살았던 프랑스 사회의 밑바닥 빈민층 사람들 이야기를 1832년 6월에 일어난 민중 봉기와 엮어 낸 감동적인 음악 영화이다. 원작은 프랑스를 대표하는 작가 빅토르 위고(1802~1885)가 망명지에서 17년간 집필한 끝에 발표한 소설 《레 미제라블》(1862)이다. 그는 이 책의 서문에서 사회 법률과 관습에 의해 만들어진 처벌이 인위적으로 지옥을 만들어 불행을 뒤얽히게 하고 빈민층의 남녀와 비뚤어지는 아이들이 생기며, 이러한 문제가 해결되지 않아 사회의 질식 상태와 무지와 비참이 존재하는 한 자신의 소설이 쓸모가 있을 것이라고 했다.

따라서 영화에는 불행하고 비참한 현실 속에 지옥 같은 삶을 살아가야 했던 불쌍한 사람들이 나온다. 장 발장이 평생 마음의 짐으로 생각하며 미안해했던 판틴이 그 대표적인 인물이다.

판틴은 자신의 의지와 상관없이 공장에서 쫓겨나 딸 코제트를 키우기 위해 머리카락을 팔고, 이를 뽑아 팔고, 결국은 몸까지 파는 창녀의 나락으로 떨어진 인물이다. 장 발장은 뒤늦게 판틴이 처한 사정을 알게 되어 그녀의 유언을 받아 코제트를 수양딸로 삼았다. 코제트는 공화주의를 꿈꾸는 상류층 청년인 마리우스와 사랑에 빠졌는데, 그가 바리케이드를 쌓고 정부군과 대치하는 시민들의 대열에 동참하자 장 발장은 그를 구하기 위해 혁명군에 들어간다. 바리케이드 안쪽에는 파리 민중을

최초판 《레 미제라블》에 수록된 코제트의 초상화 그림. 당시 비참한 삶을 살았던 프랑스 빈민들의 모습을 느낄 수 있다(출처: 위키피디아).

2장 가난하고 불쌍한 자들이 외친 소리는 무엇이었을까?

이끌며 공화정 프랑스를 꿈꾸는 'ABC(아베쎄)의 벗'인 젊은 학생들이 봉기의 그 날을 위해 비장한 결의를 다지고 있었다. 그곳에는 재치 있고 용감한 어린 소년 가브로슈와 마리우스를 짝사랑하며 혁명의 전투에서 함께 죽을 것을 결심한 가브로슈의 누나 에포닌, 혼란 속에서도 한탕을 꿈꾸는 테나르디에 등 다양한 사연을 가진 민중들이 있었다.

무능한 총재 정부가 장 발장을 죄수로 만들다

영화 〈레 미제라블〉은 18세기 말에서 19세기에 걸친 격동의 프랑스 역사 한가운데를 관통하고 있다. 장 발장이 처음 빵 하나를 훔쳐서 죄수 번호 24601의 신세가 된 1796년은 프랑스 대혁명이 보수 반동의 시기로 나아간 총재 정부 시절이다. 1789년 루이 16세는 국가 재정이 파탄 위기에 닥치자 무려 176년 동안 소집되지 않았던 삼부회를 소집했다. 그동안 모든 국가의 생산과 노동, 세금 부담을 짊어지고 있던 제3신분은 신분별 투표 방식에 반발하여 단독으로 국민 의회를 결성하고, 정치범 수용의 상징인 바스티유 감옥을 습격하여 프랑스 혁명을 일으켰다. 루이 16세는 왕비 마리 앙투아네트의 권고를 받아들여 왕비의 친정인 오스트리아로 비밀리에 망명을 꾀하다가 국경 지대인 바렌에서 발각되었고, 혁명의 불길이 자국에 번지는 것을 경계한 오스트리아와 프로이센이 프랑스를 침공하

〈바스티유 습격〉, 장 피에르 루이 로랑 위엘, 수채화, 1789년 작(출처:위키피디아)

자 혁명은 더 과격해지기 시작했다. 입헌 정부를 추진하던 입법의회는 무너지고 과격한 국민 공회가 공화정을 선포하면서 인민에 의한, 인민을 위한, 인민의 정부를 주장하는 로베스피에르(1758~1794)가 공화정의 선봉장이 되었다.

그는 혁명 전쟁을 수행하기 위해 국민 총동원령을 내리고, 빈곤한 파리 민중을 위해 최고 가격제를 실시했다. 정권을 잡은 다음 해인 1793년에는 루이 16세와 마리 앙투아네트를 처형한 이후 공안위원회를 통한 공포 정치를 실시하여 정국을 얼어 붙게 만들었다. 로베스피에르는 왕정을 지지하는 왕당파와 온건한 지롱드파, 부패한 정치인들뿐만 아니라 둘도 없는 혁명 동지였던 당통까지 단 1년간 만 명이 넘는 사람들을 단두대로 보냈다. 하지만 그도 1794년 7월 27일에 일어난 데르미도르의 반동 바로 다음날인 7월 28일 오전에 사형 선고가 내려져 오후 5시에 단두대의 이슬로 사라졌다.

로베스피에르 이후 5명의 총재가 나라를 통치하는 총재 정부 시대가 되었으나 시대는 혼란스러웠고 부패가 만연했으며 로베스피에르가 최고 가격제로 잡아 놓았던 물가마저 하늘 높이 치솟자, 결국 굶주린 조카들을 구하기 위해 장 발장이 빵을 훔치는 지경까지 이른 것이다. 장 발장이 탈출을 꾀하다가 잡혀 계속 형량이 늘어나던 그 시기에 프랑스 정국에는 새로운 소용돌이가 몰아쳤다. 왕당파가 일으킨 방데미에르 13일의 쿠데타를 나폴레옹 보나파르트가 진압하면서 정권의 핵심으로 떠오르더니, 1799년 브뤼메르 18일의 쿠데타를 거쳐 1804년에 나폴레옹 1세에 오른 것이다.

그는 유럽 정복 전쟁에 나서 연전연승을 거두었지만 영국만은 정복할 수가 없었다. 영국을 고립시키기 위해 영국과의 교역을 금지시키는 대륙 봉쇄령을 내렸으나 이를 러시아가 어기자 대군을 이끌고 러시아를 침공했다. 이것이 파국의 시작이었다. 1812년 러시아 침공은 실패했고 그는 대 프랑스 연합군에 의해 붙잡혀 엘바섬에 유배되었다. 나폴레옹은 알프스를 넘어 오스트리아를 공격하며 "내 사전에는 불가능이란 없다"를 외쳤던 마랭고 전투의 불굴의 정신을 살려 엘바섬을 탈출했다. 이후 1815년 3월부터 6월까지 다시 유럽을 휩쓸었으나 100일만인 1815년 워털루 전투에서 영국의 웰링턴 공작이 이끄는 연합군에 대패하고 만다. 그는 다시는 탈출할 수 없도록 대서양 한가운데 있는 세인트헬레나섬으로 유배되었고 그곳에서 눈을 감았다.

영화에는 이러한 프랑스 역사가 잘 녹여져 있다. 장 발장이 목숨을 걸고 구해 주었던 마리우스의 아버지인 조르주 대령은 워털루 전투에서 나폴레옹 편에 서서 싸우다가 중상을 입어 정신을 잃었다가 겨우 깨어났는데, 그 사이 그의 주머니를 털려던 파렴치범 테르미데르를 생명의 은인으로 착각하는 웃픈 상황도 묘사되었다. 또 마리우스의 외할아버지 질노르망은 골수 왕당파로 나폴레옹 편에 서서 싸웠던 사위가 미워 아버지가 마리우스를 버렸다고 속이는 잘못을 저지르기도 한다.

나폴레옹 몰락 이후 프랑스에 찾아온 혁명의 파도

나폴레옹의 몰락 이후 유럽은 다시 오스트리아가 주도하는 프랑스 혁명 이전으로 돌아가는 빈체제 시대가 되었다. 빈체제의 힘으로 루이 16세의 동생 루이 18세가 왕위에 오른 바로 그 해인 1815년 말, 장 발장은 마들렌느라는 새로운 이름으

2장 가난하고 불쌍한 자들이 외친 소리는 무엇이었을까?

로 프랑스 북부의 작은 공업 도시 몽레이유에 나타나 혁신적인 아이디어로 시의 경제를 부흥시키고 1820년에는 시장이 된다. 그가 자베르에게 다시 쫓기는 죄인의 신세가 된 1823년까지 루이 18세는 이미 공화정의 진보와 자유를 맛본 사람들에게 "혁명에서 아무 것도 배우지 않았으며 혁명 전의 아무 것도 잊지 않았다"는 보수적인 체제를 지향하여 불만을 샀다.

장 발장이 자베르의 추격에서 벗어나 코제트를 데리고 포슐르방이라는 이름으로 수녀원에 숨어 살던 시기에 왕위를 이은 샤를 10세는 한술 더 뜨는 보수 반동 정치를 시행했다. 그는 혁명 시기에 망명했던 귀족들이 입은 10억 프랑에 달하는 손실을 국고에서 보전해 주는 법을 시행하여 폭발적인 반대를 일으켰다. 1830년에는 알제리 정복을 내세우며 7월 칙령을 발표하여 언론과 출판의 자유 정지, 의회 해산, 선거권 제한을 시행하려 했다. 자유 진보 세력을 비롯한 혁명 세력은 다시 삼색기를 잡고 봉기했다. 그것이 1830년 7월 27~30일 동안 진행된 '영광의 3일'이 이루어 낸 7월 혁명이다. 입헌왕정파의 추대로 새롭게 왕에 오른 루이 필리프가 '시민의 왕'이 되면서 7월 왕정이 수립되었다. 이러한 정치적 격변이 계속되는 가운데 산업화도 함께 진행되면서 부익부 빈익빈의 사회 불평등은 날이 갈수록 심화되었고 거리에는 말 그대로 가브로슈나 에포닌 같은 극빈층인 '불쌍한 사람들'이 넘쳐났다.

영화의 원작 소설을 쓴 빅토르 위고는 글을 쓸 당시 2월 혁명의 성공으로 대통령이 된 루이 나폴레옹이 제정을 실시하려는 것을 강력히 비판하다가 공화주의자에 대한 탄압이 시작되자 해외로 망명 중이었다. 공화주의자인 마리우스와 친구들이 바리케이드를 쌓고 격렬히 투쟁하는 것은 그의 사상을 고스란히 작품 속에 반영한 것이다. 파리 민중이 왜 이들 공화주의자들을 따르게 되었는가에 대해 영화에서 부랑 소년 가브로슈는 이렇게 노래한다. "우리는 예전에 자유를 위해 싸웠는데 지금은 빵을 위해 싸우네. 평등이란 대체 무엇인가, 죽으면 평등해지지. 기회를 잡아. 비바 프랑스!"

이는 실제로 1832년 6월 5일 나폴레옹의 신뢰를 받던 부관으로서 민중을 위해 헌신하던 라마르크 장군의 장례식 때 일어난 봉기를 영화 속에 담은 것이다. 1830년 7월 왕정 이후에도 선거권과 부는 부르주아와 상류층에만 집중되었고 하층민들은 공장의 불빛 속에 고달픈 노동에 시달리며 하루하루 버티기도 벅찬 빈곤 속에 살았다.

1831년 11월, 공업 도시 리옹에서 최저 임금제가 일부 공장주들의 반대로 시행될 수 없게 되자 노동자들이 분노하여 격렬한 폭동을 일으켰다. 7월 왕정은 폭동을 완전히 저지했지만 이것이 도화선이 되어 크고 작은 폭동이 곳곳에서 일어났다. 특히 1832년에는 콜레라가 대 유행하여 많은 사람들이 목숨을 잃고 삶이 더욱 어려워졌다. 라마르크 장군도 콜레라로 목숨을 잃었다. 영화에서 폭동 중에 장 발장과 마리우스는 살아나지만, 역사의 현장에서는 정부군의 무자비한 진압으로 무려 800여 명이 희생되었다. 영화의 마지막 장면이 "민중의 노래가 들리는가(Do you hear the people sing?)"를 합창하는 사람들의 모습으로 끝나는 것은 1848년 2월에 또다시 혁명이 일어나 7월 왕정이 무너지고 마침내 공화주의자들이 열망했던 공화정부가 들어서게 된다는 것을 희망적으로 전하는 의도이다.

| 역사 지식
넓 히 기 | 좌파와 단두대의 유래 |

급진적인 진보 세력을 '좌파'라고 한다. 좌파라는 말은 프랑스 혁명 당시 등장했다. 국민의회가 결성된 후 의장석의 오른쪽은 국왕에게 법률 거부권이 있음을 주장하는 왕당파를 비롯한 보수 온건파가 앉았고, 왼쪽은 국왕에게 법률 거부권이 없다는 공화 혁신파가 앉았다. 1792년의 국민공회 때도 오른쪽은 온건한 지롱드파가 앉았고 왼쪽은 로베스피에르와 당통을 비롯한 급진적인 산악파가 앉아 과격한 발언을 쏟아낸 데서 유래했다.

단두대는 프랑스 혁명 당시 루이 16세와 마리 앙투아네트는 물론 로베스피에르의 목을 단칼에 내리쳐 처형한 도구로 널리 알려져 있다. 사실 단두대는 사형수에 대한 인권과 평등을 위해 처음 개발되었다. 중세 시대까지 귀족에게는 참수형, 일반 평민은 교수형이 집행되었다. 그러나 중범죄를 저지른 평민 사형수들에게는 사지를 절단하는 능지형이나 수레바퀴로 깔아 죽이는 차륜형까지 잔인한 방법이 동원되었다. 단두대는 보통 파리 대학의 교수이며 의사인 기요탱(1738~1814) 박사가 발명했다고 알려져 있으

나, 사실 기요탱 박사는 제안자일 뿐이었다. 1789년 12월, 프랑스 대혁명에서 쟁취한 평등을 사형에서도 적용하기 위한 위원회가 만들어졌고, 기요탱 박사가 고통 없이 단번에 숨을 끊을 수 있는 처형 기계를 사용하자는 인도주의 법률을 제의하여 단두대가 개발되었다. 단두대의 이름은 기요탱 박사의 이름에 여성 관사를 붙여 '기요틴(La Guillotine)'으로 명명되었다. 기요탱 박사도 단두대에서 죽었다는 소문이 있는데 이것도 사실이 아니

프랑스 혁명 당시 단두대에서 참수당하는 왕비 마리 앙투아네트를 그린 그림(출처: 위키피디아)

다. 그는 몸에 난 종기 때문에 1814년에 자연사했다. 프랑스는 1981년에 사형제를 폐지했고, 수많은 사람의 피로 얼룩진 단두대는 박물관에 전시 중이다.

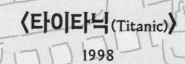

〈타이타닉(Titanic)〉

1998

#초호화 여객선 타이타닉호의 침몰 #미국 이민자들의 아메리칸 드림

3장

침몰하던 타이타닉호에서
생사를 가른 것은 무엇이었을까?

🌐 세계사 연표

1910년 멕시코 혁명 시작

1911년 중국 신해혁명

1912년 타이타닉호 침몰

🚩 그때 우리는

1910년 한일병합 조약으로 대한제국 멸망

1913년 안창호, 흥사단 설립

침몰하는 타이타닉호에서
필사적으로 탈출하는 사람들

1912년, 세계에서 가장 잘 사는 경제 대국이었던 영국의 선박 회사 화이트 라인은 당시 세계에서 가장 큰 초호화 여객선을 건조했다. 여객선의 무게는 4만 6,328톤에, 길이는 자그마치 268미터에 달했다. 산업혁명 이후 발전한 최첨단 기술을 총동원하여 만든 배였다.

1912년 4월 10일, 드디어 이 초호화 여객선이 영국의 사우스햄프턴 항에서 미국의 뉴욕을 향해 첫 항해를 시작했다. 1등석에는 이름난 부자들이 승선했지만, 승객의 대다수가 아메리칸 드림을 품고 유럽에서 미국으로 가는 이민자들이었다. 위풍당당하던 '타이타닉'이라는 이름의 이 배는 항해를 시작한 지 4일 만에 침몰이라는 자연에 의한 대 참사를 겪는다. 방심이 가져온 최악의 해상 사고였다. 자본주의 사회에서 탄생한 빈부격차의 치부를 적나라하게 드러내었다는 이 사고에 숨은 이야기는 무엇일까? 배에 탔던 이민자들의 아메리칸 드림은 어떤 것이었을까? 영화를 통해 오만한 인간들에게 경종을 울린 해상 사고의 현장 속으로 들어가 보자.

3장 침몰하던 타이타닉호에서 생사를 가른 것은 무엇이었을까?

첫 항해에서 침몰하고만 세계 최대의 초호화 여객선, 타이타닉

"살아남는다고 약속해 줘요. 무슨 일이 생겨도, 아무리 막막한 상황이 와도 절대 포기하지 않겠다고. 약속해요, 로즈, 반드시 꼭 그럴 거라고."

4월의 어둡고 차가운 바다 한가운데에서 필사적으로 연인에게 마지막 말을 남기는 남자가 있다. 이 남자의 상반신은 조각난 판자에 의지해 수면 위에 있는 반면, 하반신은 빙하가 둥둥 떠다니는 차가운 바다에 잠겨 있다. 아마도 이 남자에게 곧 죽음이 찾아올 것이다. 남자가 간절히 살아 달라고 애원하는 로즈라는 여성은 간신히 판자 위에 몸을 싣고 사랑하는 연인 잭이 하는 말을 애절한 눈빛으로 듣고 있다.

조금 전 이들은 도저히 믿을 수 없는 일을 겪었다. 세계에서 가장 크다는, 거대한 초호화 여객선이 바로 눈앞에서 두 동강이 나 바다에 침몰한 것이다. 두 시간 전에 그들이 타고 있던 타이타닉호는 큰 빙산과 부딪히면서 부서진 틈으로 사정없이 물이 들어찼고, 두 동강이 난 상태로 바닷속으로 사라져 버렸다. 간신히 탈출한 잭과 로즈 외에도 차가운 밤바다에서 수많은 사람들이 사투를 벌이고 있었다. 하지만 대부분의 사람들이 이내 잭과 같이 저체온으로 동사하고 만다. 로즈는 끝까지 살아남으라는 잭의 당부를 떠올리며 항해사의 시신에서 호루라기를 빼내어 마지막 힘을 다해 불어서 간신히 구조되었다.

〈타이타닉(Titanic)〉은 1997년에 제임스 카메론 감독이 2억 달러가 넘는 거액의 제작비를 쏟아 부어 만든 영화다. 이 영화는 〈벤허〉(1959) 이후 아카데미상 11개 부문을 석권했고 전 세계적으로 10억 달러가 넘는 흥행 수익을 올려 성공한 영화의 반열에 우뚝 올라섰다. 남녀 주인공이 달리는 뱃머리에 올라 양팔을 한껏 벌리며 자유를 느껴 보는 장면은 너무나도 유명하다.

타이타닉호의 승선표로 나타난 사회적 신분, 그리고 이민자들의 꿈

영화에서 로즈는 어머니의 강요에 의해 미국에서 가장 큰 철강 회사의 상속자인 칼 호클리와 약혼하여 타이타닉호의 특등실에 오른다. 배가 출발하기 직전, 자유로운 떠돌이 화가 잭 역시 운 좋게 포커 판에서 딴 3등실 티켓으로 아메리칸 드림을 품고 3등실에 탔다. 로즈는 상류 사회의 숨 막히는 분위기와 약혼자 칼의 위선, 목을 조이는 허례허식에 신물이 나서 자살을 시도한다. 이때 잭이 로즈를 구해 주게 되고, 둘은 점차 서로의 마음을 이해하며 사랑하는 사이가 된다. 이 둘의 사랑 이야기는 애틋하기도 하지만, 당시 경제력과 신분으로 나뉘었던 상류층과 하류층 사람들의 극명한 삶의 차이를 보여 준다.

타이타닉호가 처음으로 출항하던 당시 언론은 타이타닉호를 '불침

1912년 4월 10일, 첫 항해 당일에 촬영된 타이타닉호의 모습(출처: 위키피디아)

선'으로 지칭하며 안전한 항해를 보장한다고 연일 떠들었다. 불침선이
란 '가라앉지 않는 배'라는 뜻이다. 배에는 16개의 방수격실이 있고 격
실 사이에는 방수격벽이 있어, 그중 4개에 물이 차도 부력에 전혀 지장
을 주지 않아 침몰하지 않는 구조로 되어 있다는 것이다. 그러나 재앙
은 예상치 못한 곳에서 터졌다. 거대한 빙산에 부딪히면서 배의 아랫
부분이 아닌 측면 선체의 철판이 80미터가량 찢기면서 철판 틈으로
바닷물이 들어찬 것이다. 고작 2시간 40분 만에 거대한 배가 바닷속으
로 침몰하여 승객 2,224명 중 1,513명이 숨졌다. 구조된 사람은 711명
뿐이었다.

타이타닉호의 구명정은 20척으로, 최대 정원은 1,178명이었으나 실제로 구명정에 오른 사람은 700명 정도였다. 구명정에는 무려 500여 석이 남아 있었던 것이다. 왜 대부분의 자리가 비어 있었을까? 처음에 내려진 구명정들은 여성과 어린이 우선이라는 원칙을 철저히 지키면서 남자 승객은 타지 못하게 했다. 그 결과 첫 구명정은 정원 65명에 고작 28명을 태웠고, 두 번째는 41명, 세 번째에는 32명이 탔으며, 40명이 탈 수 있는 중간 크기의 구명정에 12명만 싣고 내려지기도 했다. 이때만 해도 설마 저 거대한 배가 침몰하리라고는 어느 누구도 예상치 못했던 것이다.

그 다음에는 승선비가 삶과 죽음을 갈랐다. 영화에서도 이와 관련한 장면이 나온다. 1등석 사람들은 사고가 났다는 사실을 비교적 빨리 전해 듣고 승무원들의 안내를 받으며 구명정에 오른다. 반면 3등석 사람들이 몰려나오면 혼란이 일어난다며 출구를 봉쇄하라는 명령이 내려지는 바람에, 물은 무섭게 쏟아져 들어오는데 갑판으로 나갈 수 있는 모든 문은 잠겨 있었다. 당시 가장 비싼 1등석 요금은 870파운드로, 오늘날의 화폐 가치로 환산하면 1억 5천만 원에 달했다. 1등석에는 28개의 특등실과 스위트룸이 있었고, 승객의 취향에 따라 르네상스 풍의 방이나 베르사유 궁전 풍의 방을 선택할 수 있었다. 반면 떠돌이 화가 잭이 따낸 3등석의 승선비는 단돈 3~8파운드였다.

타이타닉호가 출항할 당시, 세계 경제는 자본주의가 고도로 발달하

3장 침몰하던 타이타닉호에서 생사를 가른 것은 무엇이었을까?

여 강대국들이 식민지 쟁탈전을 벌이던 제국주의 시대였다. 대서양 13개 식민지에서 출발한 작은 독립국이었던 미국은 남북으로 분열될 위기였던 남북전쟁(1863~1865)을 북부의 승리로 끝내고 산업 혁명의 추진력을 받아 강력한 제국 중 하나로 올라섰다. 풍요로운 자연에서 대량의 석유를 뽑아내고, 대륙 횡단 철도가 완성되면서 기차가 쉴새 없이 고객들을 실어 날랐다.

나날이 발전하는 미국에 철강 회사, 석유 회사, 건설 회사, 부동산 회사 등을 경영하며 천문학적 수치의 돈을 벌어들이는 대부호도 나타났다. 영화에서 로즈의 약혼자인 칼 호클리가 바로 그런 인물을 대변한다. 미국은 서부 개척을 위해 유럽에서 이민자들을 대대적으로 받아들였고, 어려운 생활을 하던 유럽의 수많은 하층민들에게 미국은 새로운 부를 약속하는 땅이 되었다.

타이타닉의 1등석 공간은 호화롭게 꾸며져 대부호들이 오케스트라의 우아한 음악과 함께 만찬을 즐길 수 있는 최고급 시설을 갖추고 있었지만, 배의 가장 아래에 위치한 3등석의 좁은 공간에는 대서양을 건너가 지긋지긋한 가난에서 벗어날 수 있을 거라는 희망을 품은 이민자들이 가득 타고 있었다. 그리고 배가 가라앉는 순간에 그들이 치른 값싼 승선비는 곧 그들의 소중한 목숨을 앗아가는 역할을 했다.

실제 **타이타닉호**의 **비극**을 맞이한 **사람**들의 **이야기**

그렇다면 실제로 침몰하던 타이타닉호에서는 어떤 일들이 벌어졌을까? 타이타닉호의 뚫린 철판 틈으로 가장 먼저 6번 보일러실에 물이 쏟아져 들어왔다. 10여 분만에 거대한 배의 4.2미터 높이까지 물이 차올랐다. 그러자 경험이 많은 에드워드 존 스미스 선장은 이 상태라면 타이타닉호가 침몰하기까지 한 시간 반 혹은 두 시간이 남았다는 사실을 깨달았다. 영화에서 재현된 모습처럼, 그는 이 사실을 1등석 손님들에게 먼저 알리고 우선적으로 여자와 어린이들부터 구명정에 오르게 했다. 1등석 손님들이 구명정에 오르는 순간에도 오케스트라는 음악을 연주했고 그들 중 누구도 살아남지 못했다.

당시 1등석과 2등석에 탔던 어린이들은 30명 중 29명이 구조되어 97퍼센트가 생존한 반면, 3등석에 타고 있던 79명의 어린이들 중에서는 고작 27명만 살아남아 생존률이 34퍼센트에 불과했다. 여성의 경우, 1등석의 희생자는 탑승객의 3퍼센트였으나 3등석의 여성은 절반이 넘는 54퍼센트, 3등석의 남성은 84퍼센트가 희생되었다.

1등석 손님에는 미국의 백만장자로 호텔 그룹을 경영하는 존 제이콥 에스터 4세 부부, 기업가인 벤자민 구겐하임, 백화점을 경영하는 이시도르 스트라우스 부부 등 유명인과 부호들이 타고 있었다. 하지만 그들 중에서도 휴머니즘을 발휘하며 고귀한 죽음을 맞이한 이들이 있었다.

가장 유명한 부호인 존 제이콥 에스터 4세는 여성과 어린이들이 우선이라는 말을 듣자 서슴없이 물러나 아내에게 작별을 고하고 죽음을 맞이했다. 이시도르 스트라우스 부부는 구명정 자리를 하녀인 엘렌 버드에게 양보하고 하녀가 입을 외투까지 준 후에 부부가 나란히 선실로 내려가 죽음을 받아들였다. 벤자민 구겐하임은 구명정에 탈 수 없는 시종과 함께 남아서 신사답게 죽겠다는 의지로 구명복을 벗고 이브닝 정장을 입은 채 죽음을 맞이하기도 했다. 반면 타이타닉호의 주인인 선박 회사 화이트 라인의 전무 J.브루스 이스메이는 곧장 접이식 구명정에 올라탄 후 살아남아 그들과 대조를 이루었다.

타이타닉호는 운도 좋지 않았다. 가장 가까운 지점을 지나던 대서양 횡단 정기선인 캘리포니안호의 무선 기사가 잠이 드는 바람에 타이타닉호의 구조 요청 신호를 보지 못했기 때문이다.

비극에서 탄생한 유산들

타이타닉호 사고 후 항해사에 획기적인 개혁이 일어났다. 사고를 계기로 1914년에 런던에서 처음으로 국제 해상 안전 협정(Safety Of Life At Sea: SOLAS)이 체결되어, 모든 선박은 승선한 승객이 모두 탈 수 있는 구명정을 비치해야 한다는 규정이 생겼다. 또 24시간 내내 무선 관찰을 해야 한다는 규정도 생겼다. 현재까지도 300톤 이상 급인 선박은 이 규정들을 지켜야 한다. 이와 함께 빙산의 존재와 흐름을 살피는 국제 부빙 순찰대가 창설되어 북대서양 항로를 운항하는 선박에 빙산의 유무를 알려주게 되었다.

미국 명문대인 하버드 대학교에는 10층 높이의 와이드너 도서관이 350만 권의 도서를 자랑하고 있다. 이 도서관의 책꽂이 길이만 92킬로미터에 달한다. 이 도서관의 정식 명칭은 '해리 엘킨스 와이드너 기념 도서관'이다. 서적 수집가이던 해리 와이드너는 부모님과 함께 타이타닉호에 승선했다가 아버지와 함께 목숨을 잃고 어머니만 살아남았다. 어머니는 아들의 유언에 따라 아들의 소장 도서와 도서관 건설비를 그의 모교인 하버드대에 기증하면서 와이드너 도서관이 탄생했다. 미국 의회 도서관, 프랑스 국립 도서관, 영국 국립 도서관, 뉴욕 공공 도서관과 함께 세계 5대 도서관으로 꼽힌다.

〈서프러제트(Suffragette)〉

2016

#여성 참정권 운동 #여성 인권

4장

그녀들이 온갖 굴욕을 참아 내며
투쟁해야 했던 이유

🌐 **세계사 연표**

1893년 영국령 뉴질랜드 세계 최초로
        여성 참정권 부여

1903년 에멀린 팽크허스트,
        여성사회정치동맹 조직

1928년 영국, 여성 참정권 획득

🇰🇷 **그때 우리는**

1898년 우리나라 최초의 여성인권선언,
        여권통문 선언

1927년 최초의 전국 여성 단체, 근우회 조직

1948년 대한민국, 여성 참정권 부여

전속력으로 질주하는
경주마 앞에 뛰어들어
투쟁을 알리는 서프러제트

역사를 History라고 하지만 세상의 절반은 여성이기에 Herstory이기도 하다. 그런데도 세상을 다스리는 지배 체제는 아주 오랫동안 남성들의 전유물이었고 여성들은 가정과 육아에만 전념하도록 했다. 영국은 17세기에 세계에서 가장 먼저 시민 혁명이 일어나 의회 민주주의에 입각한 입헌 군주국이 되었지만, 남녀 모두가 재산이나 성별과 상관없이 선거를 할 수 있는 보통 선거가 시작된 것은 1928년이 되어서였다. 오랜 투쟁의 결과로 1918년, 드디어 재산과 상관없이 성인 남성들 모두가 투표권을 행사할 수 있었으나 여성들은 30세 이상의 재산을 가진 여성만이 투표권을 가질 수 있었다. 그나마 그조차도 눈물겨운 투쟁으로 얻어 낸 결과였다. 여성 참정권 운동가를 의미하는 '서프러제트(Suffragette)'가 사회의 인식을 변화시키기 위해 전개한 투쟁 방법은 무엇일까? 도대체 무엇이 한 아이의 엄마이자 한 남자의 아내였던 평범한 여성들을 격렬한 여성 참정권 운동에 동참하게 만들었을까? 영화를 통해 그 치열했던 여성 참정권 운동의 역사 속으로 들어가 보자.

한 **아이**의 **어머니**이자 평범한 **여성 노동자**가 **서프러제트**가 된 이유

1913년 6월 4일. 영국 국왕 조지 5세가 참석한 경마대회장은 사람들로 인산인해였다. 경마를 구경하러 온 관중들은 물론 국왕의 말이 승리하는 순간을 카메라에 담기 위한 기자들로 가득찬 경마장은 시끌벅적했다. 경마장의 열기가 달아오르고 조지 5세의 말이 시속 약 56킬로미터의 전속력으로 달리고 있을 때, 한 여성이 경주마 앞으로 달려 나가 말 앞에 서서 구호를 외쳤다. 여성은 무참히 쓰러지고 사람들은 큰 충격에 휩싸인다. 여성 참정권 운동을 그린 영화 〈서프러제트(Suffragette)〉의 한 장면이다. 정말 이런 일이 실제로 일어났을까? 놀랍게도 실제로 일어난 역사적 사건을 그대로 재현한 장면이다.

영화 곳곳에서 이런 역사적 사실을 옮긴 장면들을 찾아 볼 수 있다. 세탁 공장에서 일하는 여성 노동자인 24살의 모드 와츠가 런던의 한 거리를 바쁘게 걷고 있다. 그녀는 한 어린이 장난감 가게 앞에서 잠시 걸음을 멈춘다. 지금은 경제적 여유가 없어 사 줄 수 없지만 언젠가는 사랑하는 아들 조지에게 선물해 주고 싶은 인형을 보았기 때문이다. 그때, 유모차를 끌고 가던 여성이 갑자기 유모차에서 돌을 꺼내어 모드가 바라보던 장난감 진열대 유리창을 향해 던지고는 크게 외친다.

"여성에게도 투표권을 달라!"

그 광경에 놀란 모드는 이런 투쟁 방법이 법에 어긋나는 것이라고 생각했다. 그녀의 생각을 바로잡아 준 것은 세탁 공장의 동료이자 서프러제트 회원인 바이올렛이었다. 가정폭력을 당해 상처투성이 얼굴로 나타나곤 했던 바이올렛은 분명한 어조로 모드의 생각을 바꾸어 놓았다. 모두에게 법을 지키라고 한다면 그만큼 정당한 법을 만들어야 한다는 것이다. 또 동네 병원의 소아과 의사 역시 서프러제트의 리더인 에멀린 팽크허스트의 말을 모드에게 전했다. "우리에게 투표권을 가져다 줄 것은 말이 아니라 행동이다!"

모드는 사랑하는 아들을 돌보고 다정한 남편의 작은 친절에도 감동하는, 중노동으로 번 돈을 어려운 살림에 보태며 살던 평범한 여성이었다. 그런 그녀가 변화하기 시작한다. 세탁 공장에서 빈번히 벌어지는 성추행과 남성들의 거짓 행동, 여성에 대한 인권 유린을 겪으면서 거리에서 '행동'으로 나서는 투사가 되어 갔다.

여성 감독인 사라 가브론의 영화 〈서프러제트〉는 2004년 제6회 서울 국제여성영화제의 새로운 물결 부문에 노미네이트되었으며, 여러 국제 영화제에서 참신한 작품으로 주목을 받은 수작이다. 영화는 여성 투표권을 얻기 위해 서프러제트가 펼쳤던 충격적인 실화를 실감나게 담았다. 영화 속 상점의 진열대에 돌을 던져 유리창을 깨고, 우편함에 폭발물을 집어넣고, 여성을 배신한 공직자의 집을 불태우는 등의 행동은 당시 서프러제트가 전개했던 실제 행동들이다. 감옥에 들어간 모드가 단식 투쟁을 전개하자 그녀에게 강제로 콧줄을 끼우고 음식을 투여하는 비인간적인 장면도 실제 있었던 일이다. 영화는 서프러제트를 탁월한 리더십으로 이끈 지도자이자 저명한 여권 운동가인 에멀린 팽크허스트(1858~1928)의 내용은 한두 장면으로 줄이고, 오히려 일상에서 동네 이웃으로 만날 것 같은 여성 노동자 모드 와츠가 서프러제트의 행동 대원으로 거듭나는 모습에 초점을 맞췄다.

영화는 모드가 참여한 서프러제트 시위를 따라다니며 경관들이 얼마나 폭압적으로 여성 시위대를 진압했는지 여과 없이 보여 준다. 경찰은 모드를 회유하여 밀정으로 만들려고 했지만, 모드는 회유에 넘어가지 않았다. 시위에 참여하여 다시 한번 감옥에 다녀오자 남편은 모드가 목숨같이 사랑하는 어린 아들 조지를 빼앗고 집에서도 쫓아내 버린다. 그 모습에 모드는 더욱 적극적으로 투쟁하는 서프러제트로 거듭난다. 그녀와 함께 투쟁에 나선 서프러제트들은 남자가 자유를 위해 싸우는 것이 정당하다면, 여자가 자유를 위해 싸우는 것도 정당하다고 주장했다. 그녀들은 여자아이들에게도 남자아이들과 동등한 삶을 주기 위해 투쟁에 적극 나섰다. 서프러제트들은 "절대 굴복하지 마세요!", "투쟁을 멈추지 마세요!"라고 외치며 서로를 격려했다. 그녀들은 노예가 되기보다는 반역자가 되겠다고 소리 높여 외쳤다.

영화에서 가장 충격적인 장면은 처음에 언급했던, 실존 인물인 에밀리 데이비슨(1872~1913)이 국왕 조지 5세가 참석한 경마대회에서 전속

에밀리 데이비슨의 장례식. 그녀의 희생은 여성 참정권을 향한 거대한 저항 운동의 시작이 되었다(출처: 위키피디아).

력으로 달리는 경주마 앞에 뛰어드는 장면이다. 모드는 에밀리와 함께 경마장 행동 대원으로 있다가 에밀리 부인이 목숨을 걸고 투표권을 요구하는 장면을 바로 앞에서 목격한다. 슬픔 속에서도 모드를 비롯한 서프러제트 회원들이 에밀리의 죽음이 헛되지 않도록 장례식에 1,000여 명이 모여 대대적인 시위를 벌이는 모습으로 영화는 끝이 난다. 엔딩 크레딧에는 영국을 비롯하여 전 세계에서 여성 투표권이 인정된 해를 보여 준다.

끊임없는 **투쟁**과 **실천적 행동**으로 **달성**된
여성 참정권 운동

영화 〈서프러제트〉에서 남성들은 여성들을 이렇게 비하한다. "여자들은 정치를 하기에는 너무 감정적이고 쉽게 냉정을 잃습니다. 여자에게 투표권을 준다면 사회 구조가 무너질 것입니다. 여자의 권리는 그 아버지나 형제, 남편을 통해 잘 이루어지고 있습니다…"

이 대사는 당시 영국 사회가 갖고 있던 여성들에 대한 편견의 정도를 그대로 보여 준다. 영국에서 시민 혁명이 성공적으로 달성된 것은 17세기였지만, 그로부터 300여 년이 흐른 20세기가 되어서도 여성들에게는 정치 참여 기회가 주어지지 않았다. 여성들 스스로 여성의 인권과 참정권을 주장한 것은 1789년 프랑스 대혁명 때였다. 제3신분으로 구성된 국민의회는 프랑스 대혁명 속에서 〈인간과 시민의 권리 선언〉을 선포한다. 하지만 그 내용에 여성의 권리는 포함되지 않았다.

이에 극작가인 올랭프 드 구주(1748~1793)는 1791년에 〈여성과 여성 시민의 권리 선언〉을 왕비인 마리 앙투아네트에게 제출하며, "여성은 태어나면서 자유롭게, 남성과 평등한 권리를 가진다"라고 당당하게 말했다. 또한 이 권리 선언의 제10조에서 "여성이 사형대에 오를 권리가 있다면 의정 연설 연단 위에 오를 권리도 당연히 있다"고 주장을 했지만, 그녀에게 돌아온 것은 단두대 처형이었다. 구주는 "자신의 성별에

적합한 덕성을 잃어버린 사람"이라는 죄목으로 목이 잘려 나갔다.

하지만 구주가 쏘아 올린 여성 운동의 불빛은 남성들의 핍박과 지배에 시달리고 있던 여성들을 흔들어 깨우는 촛불이 되었다. 구주를 기억하는 세계 각국의 여성들이 여성의 인권과 참정권을 보장받기 위한 길고 긴 투쟁을 전개했다. 그녀가 단두대에서 처형되고 꼭 100년 만인 1893년, 영국의 자치령이던 뉴질랜드에서 세계 최초로 여성 참정권이 인정되었다. 그 주역은 알코올 중독과 성 문제의 해결을 위해 조직된 '뉴질랜드 여성 절제회'를 이끌고 있던 케이트 셰퍼드(1847~1934)였다. 그 공로로 케이트 셰퍼트는 뉴질랜드의 10달러 화폐 도안의 주인공이 되었다.

영화의 배경인 영국은 뉴질랜드의 본국이면서도 여성 참정권을 전혀 인정하지 않고 있었다. 1865년에 런던에서 '여성참정권위원회'가 처음으로 결성된 후 영국의 경제학자이자 철학자인 J.S.밀(1806~1873)이 여성 참정권을 약속하고, 1867년에 제3차 선거법 개정안에 여성 참정권을 부여하는 수정안을 제출했으나 부결되었다. 1870년대에는 거의 매년 여성 참정권 법안이 하원에 제출되었으나 영화에서 묘사된 바와 같이 갖가지 이유로 부결되었다. 1897년에는 지식인과 중산층을 중심으로 '여성참정권협회전국동맹'이 결성되어 문서를 배포하거나 서명 운동, 의회에 청원서 올리기 등 온건한 방법으로 참정권 운동을 전개했다.

그러던 영국의 여성 참정권 운동이 영화에 나오는 것 같이 과격하게 변화하게 된 계기는 여성 참정권 운동의 리더인 에멀린 팽크허스트가 투쟁 방법을 과격한 방법으로 전환하면서부터이다. 남편인 리처드 팽크허스트는 J.S.밀과 함께 영국에서 처음으로 여성 참정권 법안을 만든 여성 참정권 운동가이자 변호사로, 늘 그녀를 격려하고 지지했다. 팽크허스트는 1903년에 딸과 함께

에멀린 팽크허스트(출처: 위키피디아)

여성 노동자들을 포함한 '여성사회정치연맹(WSPU)'을 조직한 후 평화로운 집회나 서명, 청원 운동이 아닌 과격한 투쟁을 전투적으로 벌여 나갔다. 바로 이때부터 '서프러제트'라는 말이 처음 등장했다.

서프러제트는 참정권을 뜻하는 '서프러지(suffrage)'에 여성을 뜻하는 접미사 '-ette'를 붙인 말로, 팽크허스트가 WSPU를 조직하자 일간 신문인 데일리 메일이 경멸조로 표현한 것이다. 언론은 그녀들을 '전투적 참정론자(militant suffragist)'라 부르기도 했다. 팽크허스트는 그럴수록 더 적극적으로 '말 보다는 실천을!'이라는 행동 지침을 전면에

내세우면서 맞섰다.

세계로 확대된 여성 참정권과 세계 최연소 여성 총리의 탄생

다음 해인 1914년에 제1차 세계 대전이 일어나자 팽크허스트는 영국을 위해 여성들 모두가 적극적으로 전시 체제에 협력하라는 지침을 내린다. 팽크허스트는 여성의 적극적인 협력이 종전 후에 참정권을 획득해 줄 것이라고 예상했고, 그 예견대로 전쟁이 끝나자 영국 의회는 1918년 2월 6일에 21세 이상 모든 남성과 일정 자격을 갖춘 30세 이상 여성에게 참정권을 부여한 '국민투표법(Representation of the People Act)'을 통과시켰다. 여기서 일정 자격이란 '1년에 최소 10파운드를 집세로 내는 가구주'를 뜻한다. 그로부터 다시 10년을 팽크허스트 모녀를 중심으로 한 남성과 동등한 여성의 참정권을 끌어내려는 질긴 투쟁이 이어졌다.

그 결과, 1928년에 마침내 영국에서 21세 이상의 모든 여성에게 참정권이 인정되었다. 안타깝게도 팽크허스트는 그 역사적인 법률이 시행되기 한 달 전에 눈을 감고 말았다. 2018년은 영국에서 여성 참정권이 인정된 지 100년이 되는 해였다. 당시 영국 총리였던 테리사 메이는 팽크허스트가 태어난 영국 중부 도시 맨체스터를 직접 방문하여 그녀의 업적을 기리는 여성 참정권 100주년 기념 연설을 하기도 했다.

영국에서 여성 참정권을 달성한 이후 세계 각국에서 여성 참정권이 인정되었다.

미국에서는 여성이 대통령 선거 투표를 했다는 이유로 100달러 벌금형을 받자 정식 재판을 청구하며 재판은 미국 정부가 받아야 한다고 주장한 '여권 운동의 나폴레옹' 수전 B. 앤서니와, 여성 참정권 반대주의자인 윌슨 대통령 취임식 때 1만 명의 시위대를 이끌고 백악관 앞에서 몸을 쇠사슬로 묶는 대규모 시위를 전개한 앨리스 폴 등의 노력으로 1920년에 여성 참정권이 인정되었다. 일본은 1945년에, 프랑스는 1946년에 여성 참정권이 인정되었다. 우리나라에서는 1948년 제1공화국 출범과 함께 남녀 모두에게 동등한 참정권이 인정되었다. 유럽에서 가장 먼저 여성 참정권이 인정된 나라는 핀란드로, 1906년 여성 참정권이 인정된 데 이어 2019년에는 34세의 여성인 산나 미렐라 마린이 핀란드 총리에 당선되어 세계 최연소 여성 총리에 이름을 올렸다. 2020년을 기준으로 세계에서 가장 많은 여성 의원을 배출한 국가는 스웨덴으로, 여성 의원의 비율은 47퍼센트에 달한다. 반면 우리나라는 19퍼센트에 불과해 아직 갈 길이 멀다.

'고양이와 쥐 법'?

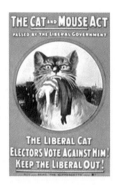

'고양이와 쥐 법'을 반대하는 서프러제트의 포스터(출처: 위키피디아)

서프러제트들은 감옥에 들어간 뒤에도 투쟁을 멈추지 않았다. 정치범으로서의 정당한 대우를 요구하며 강경한 단식 투쟁을 전개하여 당국을 곤욕스럽게 만들었다. 그러자 당국은 영화에서 모드에게 하듯이 호스를 통해 음식을 강제 주입했고, 이에 대한 비난 여론이 거세지자 영국 자유당 정부는 일명 '고양이와 쥐 법'이라는 '죄수 법령(The Prisoners Act 1913, the Cat and Mouse Act)'을 시행했다.

단식 투쟁을 한 서프러제트를 일시적으로 석방하고는 감시 체제를 통해 석방 기간에 범법 행위를 하거나 건강이 회복되면 다시 재수감하는 것이다. '고양이와 쥐 법'이라는 명칭은 고양이가 쥐를 가지고 노는 모습에서 착안한 것이다. 이 법에 의해 팽크허스트는 1913년 한 해 동안 12번이나 체포와 석방을 반복하는 수난을 겪었다. 1913년은 에밀리 데이비슨이 조지 5세의 경주마에 목숨을 희생한 해이기도 하다. 이 법으로 인해 활동가들에 대한 사기를 비열하고 잔혹하게 떨어뜨린다는 여론이 일어났고, 저명한 철학자 버트런드 러셀(1872~1970)이 자유당을 탈당하는가 하면 경쟁당인 노동당의 지지율을 높이는 역효과를 가져왔다.

영화별
세계사 포인트
알고 가기!

〈호텔 르완다(Hotel Rwanda)〉(2004)	르완다 내전
〈보리밭을 흔드는 바람 (The Wind That Shakes The Barley)〉(2006)	아일랜드 독립운동
〈1917〉(2020)	제1차 세계 대전
〈줄무늬 파자마를 입은 소년 (The Boy In The Striped Pajamas)〉(2008)	제2차 세계 대전

3부

전쟁과 개척관

강자들이 일으킨 세계 대전과
폭력에서 인권과 평화를 지키려는 노력

〈호텔 르완다(Hotel Rwanda)〉

2004

#제국주의 #르완다 분리 통치 #르완다 내전 #아프리카 내전

아프리카 르완다 내전의 비극 속
생존의 몸부림

서로 죽고 죽이는 내전 속에서
살아남기 위해 호텔에 몰려온
어린이들을 보호하는 폴

아프리카의 내전은 과거의 일이 아니라 이 글을 읽는 지금 이 시간에도 진행되고 있는 아프리카의 비극이다. 같은 나라 사람들을 정부군과 반군으로 나누고 서로에게 총을 겨누게 한 것은 과거 아프리카를 식민지로 지배한 유럽 열강의 분리 통치 때문이다.

르완다에서 1994년 4월 6일~7월 15일 사이의 100여 일 동안 무려 100만 명이 넘는 사람이 학살된 대 참극의 시작 역시 벨기에의 식민 통치 방식에서 비롯되었다. 르완다 정부군과 용병들이 소수 민족인 투치족을 거리에서 무참하게 학살하는 동안 그 원인을 제공했던 벨기에를 비롯한 유럽 각국과 유엔은 르완다에서 발을 빼는 데 급급했다. 끔찍한 학살극 속에서 생존을 위해 호텔로 몰려온 투치족을 보호한 후투족 호텔 지배인이 있었다. 철저한 직업의식으로 오직 가족만을 위해 살던 그가 왜 호텔로 찾아온 난민들을 보호하게 된 것일까? 총부리를 겨누는 군인의 협박으로부터 어떻게 자그마치 천 명이 넘는 사람들의 목숨을 구해 내었을까? 손에 땀을 쥐게 하는 학살과 참극의 현장 속으로 들어가 보자.

후투족 호텔 지배인이 학살 위기의
투치족을 구해 낸 방법

'아프리카의 스위스'라고 불릴 만
큼 아름다운 자연환경을 가지고 있는 르완다의 수도 키갈리. 라디오에
서는 연일 이런 선동 방송이 나오고 있다.

"… 투치족은 벨기에 식민지배자들의 동조자들이었습니다. 그들은
우리 후투족의 영토를 빼앗았으며 우리를 약탈했습니다. 지금 그들이
다시 나타났습니다. 투치 반란군들. 그들은 바퀴벌레이며, 그들은 살
인자들입니다. 르완다는 우리의 영토이며 우리가 다수 민족입니다. 그
들은 소수 반역자들이며 침략자들입니다. 우리는 그 침략자들을 물리
칠 것이며 RPF 반군을 쓸어버릴 것입니다. 여기는 RTLM, 후투 진영
방송입니다 …"

영화 〈호텔 르완다(Hotel Rwanda)〉의 시작 내내 흘러나오는 이 방송
은 앞으로 펼쳐질 르완다 대학살을 알려 주는 장치다. 르완다의 후투
족 극단주의자들은 소수 민족인 투치족을 바퀴벌레라고 부르며 복수를
맹세하고 있다. 〈호텔 르완다〉는 기자이며 극작가, 큐레이터로 다양한
활동을 펼치면서 1994년 베를린 영화제 금곰상을 수상한 바 있는 감독
테리 조지가 르완다 내전 중 1994년에 일어난 대학살 당시의 감동적인
실화를 영화로 만든 것이다. 영화에서 키갈리에 있는 4성급 밀 콜린스
호텔의 지배인 폴 루세사바기나는 100일 동안 1,268명 난민들의 목숨

을 지켜 낸다.

폴은 연일 밀어닥치는 유럽 각국의 손님들을 접대하느라 바쁜 일상을 보내고 있다. 오랫동안 미뤄져 온 후투족 정부군과 투치족 반군 사이의 평화 협정이 조인되면서 내전은 끝이 보이는 듯했다. 그러자 호텔은 이를 취재하려는 기자와 관련 외국인, 유엔 평화 유지군들로 붐비었다. 후투족인 폴은 호텔 대표인 틸렌스의 신임을 얻고 있고 사회 각계에 깊은 인맥을 갖고 있다. 투치족 부인 타티아나와 결혼하여 세 아이들을 둔 자상한 아버지이기도 하다. 그러던 어느 날 '후투 파워'로 불리는 후투족 강경파들이 "큰 나무를 베어 버려라"라는 말을 하고 다닌다는 것을 알게 된다. 여기서 '큰 나무'란 벨기에 통치기에 통치권을 부여받고 상류층으로 생활했던 투치족을 가리킨다.

불안해진 시국을 걱정하던 차에, 정말 큰일이 벌어지고 말았다. 투치족 반군과의 평화 협정을 추진해 온 르완다의 후투족 출신 대통령 쥐베날 하뱌리마나(1937~1994)가 탄 비행기가 격추되면서 사망하고 만 것이다. 그러자 대통령 사망의 배후로 투치족을 지목하는 극단주의자들이 나타나 순식간에 거리는 투치족을 닥치는 대로 살해하는 학살 현장이 되었다.

국제 사회의 냉담한 반응과 고립된 난민들을 구하기 위한 몸부림

한 치 앞을 알 수 없는 잔혹한 학살이 이루어지는 동안, 호텔은 아직 르완다를 떠나지 못한 유럽인과 유럽인을 지키기 위한 유엔 평화 유지군이 있는 가장 안전한 장소였다. 잭이라는 외신 기자가 잔인한 학살 장면을 촬영해 저녁 뉴스로 유럽에 내보냈지만, 국제 사회의 반응은 미지근했고 학살은 멈추지 않았다. 유엔 평화 유지군을 이끌고 있는 올리버 대령은 폴에게 서방 강대국들이 르완다인들을 아무런 가치가 없는 쓰레기들이라고 생각한다고 말한다. 그는 폴이 이곳에서 가장 똑똑한 아프리카인이기 때문에 그 사실을 잘 알고 있을 것이라고 하면서, 백인들은 결국 떠날 것이며 흑인들만 버려져서 남게 될 것이라고 한다. 프랑스는 절대 살육을 막지 않을 것이라는 사실도 예측한다.

그러한 상황에서 폴은 자신을 믿고 호텔로 찾아온 수백 명의 투치족과 온건한 후투족 난민, 신부와 수녀들이 데려온 어린 고아들까지 보호하는 책임을 지게 된다. 폴은 평상시 관리해 온 인맥을 통해 뇌물을 뿌리는 한편, 호텔에 있는 난민을 살리기 위해 프랑스에 있는 호텔 대표 틸렌스의 마음을 움직여 프랑스 대통령에게 직접 전화를 걸도록 만든다. 호텔에 고립된 사람들은 하루라도 빨리 유엔 평화 유지군이 도착하여 상황을 진정시키기를 바란다. 하지만 평화 유지군은 르완다 사람들을 버려 두고 외국인들과 그들이 키우던 반려견만 피신시킨다. 그 와중에 남겨진 어린이들을 포함한 1,000여 명의 사람들을 보호하기 위해 고군분투하는 폴의 모습은 영화를 보는 관객들을 감동시킨다.

그 사이 거리 곳곳에서는 차마 말로 다할 수 없는 학살이 자행된다. 폴은 식료품을 구하러 차를 몰고 나갔다가 믿을 수 없는 광경을 목격한다. 그의 눈앞에 펼쳐진 것은 말 그대로 칼로 도륙된 수많은 시신들이었다. 비참한 모습으로 길바닥에 널부러져 있는 그 모습을 보고 돌아온 폴은 아내 타티아나에게 애절한 당부를 한다. 만약 후투족 민병대에게 쫓겨 죽음을 당하는 순간이 되면 반드시 아이들과 함께 옥상에서 뛰어내려 달라는 것이다. 아내와 아이들이 칼에 난도질을 당해 신체가 잘려 나가지 않도록 하기 위한 당부였다. 아버지, 그리고 남편으로서 투신을 권하는 이 장면은 후투족 남편이 투치족 아내를 죽이고, 어제의 친절한 후투족 목사와 학교 선생님이 투치족 학생을 도륙해야 했던 오늘의 처절함을 잘 담아냈다.

그는 난민 대우를 받아 떠날 수 있는 기회가 왔는데도 가족들만 보내고 난민들과 운명을 함께한다. 마침내 그의 슬기와 인내, 투지와 용기 덕분에 100일 동안 그의 보호를 받던 난민 1,268명은 무사히 유엔 난민 캠프에 들어갈 수 있었다.

1장 아프리카 르완다 내전의 비극 속생존의 몸부림

제국주의의 **분리 통치**가 낳은
르완다 내전

　　　　　　　　　　르완다에서 오랜 내전에 이어서
제2차 세계 대전 이후 최악의 인종 청소로 손꼽히는 대학살이 일어
난 데에는 벨기에를 비롯한 서방 국가들의 책임이 크다. 인류 역사에
서 '인종 청소'가 처음 등장한 때는 로마 제국이다. 기원전 264~146년
까지 120여 년간 카르타고와 지중해 무역권을 두고 벌인 전쟁에서 승
리한 로마는 북부 아프리카에 위치한 카르타고를 사람이 살 수 없는
황폐한 땅으로 만들었다. 카르타고인 중 남성은 모두 죽이고 여성과
어린이는 노예로 팔아 버리는 인종 청소를 실시했고, 땅에는 깊은 구
덩이를 판 후 소금을 들이부어 생물이 자라지 못하게 한 것이다.

　르완다 내전 중 일어난 대학살에 대해 유엔은 1945년 창립 이후 처
음으로 '제노사이드(Genocide· 집단학살)'라는 단어를 사용했다. 4월부
터 7월 중순까지 약 100여 일 동안 르완다의 후투족 정부군과 민병대
는 소수 민족인 투치족 100만여 명을 살해하고 300만여 명의 난민을
발생시켰다. 대학살 당시 후투족 정부군은 '마체테'라는 길이 약 45센
티미터의 칼 50만 자루를 후투족에게 나누어 주어 투치족을 보면 닥
치는 대로 살육하게 했다. 3개월 동안 전체 투치족의 7할, 르완다 전 국
민의 2할이 학살을 당했다. 이는 하루 1만 명을 살해한 것이며 1시간당
400명, 1분당 7명의 숨을 끊어 놓은 셈이다. 영화에서도 간접적으로

등장하듯, 성폭행을 당한 여성도 25만~50만여 명에 달했다. 르완다 대학살을 겪은 성인 생존자의 28퍼센트와 여성 생존자의 48퍼센트가 외상후스트레스장애(PTSD)를 앓고 있다는 의학 보고도 있다.

르완다에서 일어난 참극의 가장 큰 책임은 벨기에에 있다. 제1차 세계 대전이 끝난 1918년, 패전국인 독일의 식민지였던 르완다 지역을 벨기에가 위임 통치하게 되었다. 독일과 벨기에가 통치하기 전까지 르완다 지역에는 농경 생활을 주로 하던 후투족과 목축 생활을 주로 하던 투치족이 평화롭게 살고 있었다. 그들끼리 결혼도 하고 이웃으로 화목하게 지냈다. 그런데 벨기에는 제국주의 통치에 흔히 적용되는 인종주의를 통해 유럽인같이 키가 크고 콧대가 오똑한 투치족을 우월한 부족으로, 그렇지 않은 후투족을 열등한 부족으로 구분지었다. 또한 매우 소수인 트와족은 키가 작다는 이유로 진화가 덜된 인종으로 구분했다. 사실 투치족이 키가 크고 풍채가 좋은 것은 오랜 목축 생활을 하면서 우유와 고기가 주식이 되었기 때문이다. 벨기에는 심지어 각 개인마다 법적으로 후투족 혹은 투치족으로 정의되는 인종 신분증까지 발급하여 인종차별을 고착화시켰다. 벨기에의 통치 기간 동안 르완다 전체 인구의 15퍼센트인 소수 부족 투치족은 지배층으로서 82퍼센트에 달하는 다수 부족인 후투족을 지배했다. 벨기에는 투치족을 시켜 토지 개혁의 이름으로 후투족의 땅을 몰수하게 했고, 투치족 지배층이 후투족 추장을 몰아내게 하는 등 후투족을 와해시키는 악역을 맡게 했다. 제2차 세계 대전 이후 후투족의 젊은 세대는 가난과 노동에 시달리면서 우간다로 이주한 세력을 중심으로 조직화하기 시작했다. 그들은 다수인 후투족이 가져야 할 부와 권력을 소수 민족인 투치족이 행사하는 것에 대한 불만으로 후투족 해방 운동을 일으켰고, 폭력적인 방법을 써서라도 투치족이 가진 것을 후투족이 되찾아야 한다는 주장을 펼쳤다.

'르완다 애국 전선'을 형성한 투치족과 투치족 절멸에 앞장 선 '후투 파워'

1959년에 르완다 왕국이 세워졌으나 후투족이 일으킨 반투치 혁명으로 인해 2만~10만여 명의 투치족이 죽음을 당하고 투치족 출신인 국왕 키켈리 5세가 폐위되었다. 15만여 명의 투치족이 르완다에서 추방당했는데, 벨기에는 이 혁명에서 후투족을 밀어주어 투치족의 맹비난을 받았다. 1961년, 르완다는 국민투표를 통해 군주국 대신 공화국을 선택했다. 벨기에는 투치족이 기세를 잡은 브룬디도 르완다에서 분리하여 따로 독립을 시켰다. 르완다에서 밀려난 투치족들은 우간다나 브룬디로 망명하여 게릴라 활동을 전개하다가 1963년에 르완다를 침공했으나, 후투족 정부군과 민병대에 의해 진압되고 투치족 약 14,000명이 희생되었다.

이때부터 후투족 무장 세력들은 투치족을 아무리 죽여도 없어지지 않고 끈질기게 살아남는다는 경멸의 표현으로 '바퀴벌레'로 부르기 시작했다. 르완다에서는 1973년에 후투족의 쥐베날 하뱌리마나가 쿠데타를 일으켜 정권을 잡고 투치족 지도자들을 무참히 살해했다. 겨우 살아남은 투치족들은 우간다로 도망쳐 1987년에 '르완다 애국전선(RPF: Rwandan Patriotic Front)'을 결성했다. 1990년, 투치족 난민이 대다수인 RPF가 대대적인 르완다 침공을 일으켰다. 배후에는 우간다가 있었는데, 이것이 르완다 내전이다. 벨기에가 물러난 이후 아프리카에 대한 지배권을 강화해 나가던 프랑스가 후투족 정권에게 무기와 군자금을 지원하는 등 적극적인 지원을 아끼지 않는 가운데, 부족 간 갈등의 골은 더 깊어졌다. 급기야 후투족에게 투치족 절멸을 이데올로기로 세뇌시키는 '후투 파워(Hutu Power)'가 등장했는데, 그들은 라디오 방송을 통해 후투족을 노예로 지배하려는 투치족에 끝까지 저항해야 한다는 주장을 펼쳤다.

1993년, 내전을 종식시키기 위한 노력으로 후투족 출신 르완다 대통령 쥐베날 하뱌리마나와 부룬디 대통령 시프리앵 은타랴미라 사이에 아루샤 평화 협정이 맺어졌으나, 1994년 4월 6일에 영화에서 나오듯이 르완다 대통령이 탄 비행기가 격추되었고 그 모든 책임을 투치족이 뒤집어쓰면서 르완다 대학살이 자행된 것이다. 비행기 격추는 2012년에 이루어진 프랑스 조사단의 면밀한 조사 결과, 후투족 극단주의자들의 소행으로 밝혀졌다.

그런데 르완다 대학살 27주년인 2021년에 또 다른 반전이 일어났다. 실제 인물인 폴 루세사바기나가 두바이에서 르완다로 납치되어 재판에 회부된 결과, 반정부 활동과 연관된 8가지 테러리즘 혐의로 무기 징역 구형에 이어 25년형을 선고받았다는 뉴스가 뜬 것이다. 르완다 대학살 기간 중 1,268명의 인명을 구해 낸 그는 1996년 벨기에로 망명한 후 미국 영주권자로 살고 있었다. 그의 가족들은 그가 르완다 기관원들에 의해 두바이에서 르완다로 납치당한 것이라고 주장했다. 폴 루세사바기나는 그동안 르완다 내전 중 투치족 반군 지도자 출신으로 대통령이 된 후 장기 집권하고 있는 폴 카가메 대통령이 독재 정치를 펼치며 르완다 국민의 인권을 유린하는 것에 대해 공개적인 비판의 화살을 던져 왔다. 그는 석방되어 2023년 3월 30일 미국에 돌아가 조용히 여생을 보내고 있다.

| 역사 지식
넓 히 기 | **프랑스와 영국의 시커먼 민낯**

2021년 5월, 프랑스 마크롱 대통령이 르완다 대학살 27주년을 맞이하여 르완다 수도 키갈리에 있는 집단학살 희생자 25만 명이 잠들어 있는 추모관을 방문했다. 그는 여기에서 놀라운 발언을 했다. "프랑스가 르완다에서 대량 학살을 저지르는 정권과 사실상 나란히 서 있었다"고 털어 놓은 것이다. 그동안 르완다 대학살의 배후임을 밝히라는 르완다의 요구에도 모르

쇠로 일관하던 프랑스여서 세계를 깜짝 놀라게 했다. 마크롱 대통령은 "프랑스가 공모하지 않았다"고 하면서도 당시 후투족 정부의 편에 섰던 만큼, "엄청난 책임"이 있었다고 스스로 인정하면서 르완다에 코비나 19 바이러스 백신 10만 개를 지원하겠다고 밝혔다. 국제 사회는 프랑스가 진정성 있게 입장을 정리했다기보다는 중국, 러시아 등과 아프리카에서 벌어들이는 경제적 이익을 놓고 벌이는 파워 경기에서 이기기 위한 '전략적 반성'으로 보고 있다.

한편 2022년 4월에는 영국이 1억 2천만 파운드(약 1천 942억 원)를 르완다에 주는 조건으로 영국으로 보트를 타고 들어온 불법 이주민과 망명 인정을 받지 못한 신청자를 르완다로 내보내기로 했다. 영국은 불법 이주민들을 처리하지 못해 골치를 썩고 있었다. 두 나라는 비밀 협정을 맺었고 보트 피플의 인권은 무시된 채 낯선 나라로 강제 이주를 당하게 되었다. 르완다의 카가메 대통령은 그 대가로 경제적 이득 외에 그에 대한 국제적 비판을 잠재울 꼼수도 얻었다. 그의 정권은 폴 루세사바기나가 당했듯이 해외 망명객들을 제거하고 암살한다는 국제적 비판과 인권 유린, 언론 자유 침해를 무수히 행하여 국경없는기자회(RSF)가 집계한 2021년 세계 언론자유 지수에서 180개국 중 156위에 올랐기 때문이다. 르완다를 사이에 둔 강대국들의 행태는 우리가 왜 역사를 배워야 하는 지를 잘 알려준다. 그들이 과거에 아프리카에 행했던 해악의 역사를 모른다면 그들의 시커먼 민낯을 알 수 없기 때문이다.

〈보리밭을 흔드는 바람〉(The Wind That Shakes The Barley)
2006

#아일랜드 독립 전쟁 #아일랜드 내전

2장

조국을 위해 함께 투쟁한 형제가
서로 총을 겨누게 된 이유

🌐 세계사 연표	🔥 그때 우리는
1169년 영국 헨리 2세 아일랜드 정복	1170년 무신정변
1842년 아일랜드 대기근(~1847) 시작	1862년 임술 농민 봉기
1916년 아일랜드 부활절 봉기	1914년 대한 광복군 정부 수립
1919년 아일랜드 독립 전쟁(~1921)	1919년 3.1 운동

함께 영국에 맞서 힘껏 싸웠으나
서로에게 총을 겨누는 적이 된
형과 동생

영국은 1169년에 헨리 2세의 아일랜드 정복을 시작으로 750여 년간 아일랜드를 지배했다. 영국의 가혹한 수탈과 폭력적인 통치 행위는 아일랜드 사람들을 고통과 파멸로 몰아넣었다. 여러 차례 거센 저항이 있었지만 소용없었다. 1910년대에는 무장 단체인 'IRA(아일랜드 공화국 군, Irish Republican Army)'를 조직하여 적극적인 투쟁에 나섰다. 독립을 쟁취하기 위해 수많은 아일랜드의 청년들이 영국과 싸우다가 희생되었다.

여기 아일랜드 독립의 처절한 역사를 담은 영화가 있다. 영화의 주인공인 젊은 의사 데미안은 형의 권고도 무시한 채 아일랜드 독립운동을 철저히 외면하고 있었다. 그랬던 그가 가장 치열한 투사로 거듭나는데, 과연 그 이유는 무엇일까? 영국이 아일랜드 자유국을 세우게 하고 아일랜드에서 물러났음에도 왜 아일랜드 사람끼리 서로 싸우는 아일랜드 내전이 일어났을까? 한마음 한뜻으로 독립을 위해 싸우던 피를 나눈 형제가 서로의 가슴에 총부리를 겨누게 된 까닭은 무엇일까? 조국의 독립을 위해 젊음을 바친 형제의 엇갈린 운명 속으로 들어가 보자.

자유를 위한 투쟁에 나섰던 그들이
서로 등을 돌린 이유

곧 사형 당할 운명에 처한 한 청년이 체념한 눈빛으로 군인들을 따라 형장에 들어선다. 그의 앞에 젊은 지휘관이 다가와 간절한 눈빛으로 말한다. "아직 늦지 않았어, 데미안."

데미안의 형이자 어제의 동지이자 오늘의 적인 아일랜드 자유국의 군 지휘관 테디였다. 데미안이 맞받아 말한다. "내가, 아니면 형이?"

데미안은 최후까지 무기가 있는 곳을 밀고하고 삶을 선택하라는 형의 권고를 무시하고 죽음을 택한다. 부하들에게 처형을 명령한 형은 동생이 목숨을 잃자 형틀에 묶여 있던 그를 풀어 주며 오열하고 만다.

영화 〈보리밭을 흔드는 바람(The Wind That Shakes The Barley)〉의 가슴 아픈 결말 장면이다. 조국의 독립을 위해 몸 바쳐 투쟁해 온 이들 형제가 서로의 적이 되어 형은 처형 명령자로, 동생은 총살형을 당하는 사형수로 마주하게 된 것이다. 캔 로치 감독의 〈보리밭을 흔드는 바람〉은 2006년 제59회 칸 영화제 황금종려상에 빛나는 명작이다. 데미안 역의 킬리언 머피는 실제 아일랜드 배우로, 비극적인 주인공의 모습을 실감나게 표현했다.

영화의 첫 시작 부분으로 돌아가 보면 1920년 어느 날, 푸른 잔디밭에서 청년들이 아일랜드의 전통 경기인 헐링에 몰두하고 있다. 선수 중에는 주인공인 데미안과 테디 형제, 그리고 데미안의 동료 크리스도 있다. 런던으로 떠나 일류 병원에 취업할 예정인 데미안이 마을 어른께 작별 인사를 하기 위해 들른 이곳에 별안간 영국 왕립 아일랜드 경찰 소속인 블랙앤탄(Black and Tan) 부대가 들이닥친다. 그들은 "공중 집회를 금한다"는 법을 어겼다는 이유로 폭언을 하며 헐링 경기를 한 사람들의 이름 등 인적 사항을 조사한다. 이때 미하일이 영국에 대한 반감으로 영어가 아닌 아일랜드어로 말하자, 블랙앤탄은 옷을 벗기고 거칠게 반항하는 그를 무참히 때려 어머니가 보는 앞에서 죽이고 말았다. 미하일의 나이는 고작 17세였다. 데미안이 애도를 하기 위해 미하일의 집을 찾아갔을 때, 그의 할머니는 손자를 떠나보내며 구슬픈 노래를 부른다. *"나의 새로운 사랑은 아일랜드를 생각하네…산골짜기의 미풍이 불어 황금빛 보리를 흔들 때 분노에 찬 말들로 우리를 묶은 인연을 끊기는 힘들었지…"*

이 노랫말은 아일랜드의 민족 시인인 로버트 드와이어 조이스(1830~1883)가 1789년의 웩스퍼드 전투에서 영국에 저항하여 싸웠던 군인의 아픔을 표현한 시에서 가져온 것이다. 영화의 제목도 이 시구에서 나왔다. 아일랜드는 영국에게 정복된 이후 가혹한 수탈과 억압을 받았고, 독립 투쟁은 번번이 진압되어 아일랜드인들은 피눈물을 흘려야 했다.

영국에 저항하던 아일랜드 군인들은 배고픔을 이기기 위해 아일랜드 곳곳에서 흔히 구할 수 있는 보리를 갖고 다녔는데, 아무리 추운 겨

울을 겪어도 봄이 되면 새싹을 틔우는 보리는 아일랜드인의 꺾이지 않
는 독립 정신을 상징하게 되었다. 영화는 가난했던 아일랜드인들의 일
상을 재현하면서 보리같이 밟혀도 다시 일어나는 끈질긴 민중의 저항
정신을 녹여 내었다.

아일랜드인 대 아일랜드인, 내전에 얽힌 반목의 아일랜드 현대사

영화는 크게 두 부분으로 나뉜다.
첫 부분은 아일랜드 독립 전쟁 이야기로, 영국의 지배를 받고 있는
1920년에 영국 왕립 아일랜드 경찰 소속인 블랙앤탄스 부대의 횡포에
분노한 데미안과 테디 형제가 IRA단원이 되어 조국을 위해 투쟁하는
내용이 전개된다. 두 번째 부분의 배경은 1922년으로, 전쟁이 끝나고
마침내 영국군이 아일랜드에서 철수하게 되었으나 굴욕적인 '영국-아
일랜드 조약'이 체결되었고, 이에 반기를 든 사람들과 아일랜드 자유
국으로 나뉜 아일랜드의 내전(1922~1923)을 다루고 있다.

종전이 선언되면서 평화 협정이 조인되자, 투쟁에 나섰던 단원들은
축하 파티를 열어 춤을 추고 술을 마시며 즐거워한다. 그러나 평화 협
정의 내용이 공개되자 데미안을 비롯한 완전 독립을 추구하는 IRA 단
원들은 경악할 수밖에 없었다. 영국 국왕에게 충성을 맹세하는 대영제
국의 자치령인 '아일랜드 자유국'이 된다는 사실 때문이다. 더욱이 아

일랜드가 북부와 남부로 분단이 되어 32개 주 중 북부의 6개 카운티는 영국 영토에 포함되고 나머지 26개 지역만 자유국이 된다는 내용에, 목숨을 바쳐 투쟁해 온 IRA 단원들은 격렬하게 분노한다. 이러한 상황이다 보니 곳곳에서 완전 독립파와 아일랜드 자유국 조약 찬성론자가 열띤 논쟁을 벌였다. 감독은 관객들이 각자 누구의 주장이 옳은 지를 판단해 보도록 각 진영이 펼치는 논리적인 주장들을 골고루 담아냈다. 둘로 갈라진 사람들의 대립은 극으로 치달았고 아일랜드는 다시 내전에 휩싸인다.

형제도 각기 다른 길을 선택하게 된다. 형 테디는 아일랜드 자유국 군대의 지휘관이 되고 동생 데미안은 IRA 단원이 되어 다시 총을 잡는다. IRA 단원들은 완전한 자유를 얻는 그날까지 멈추지 말고 투쟁할 것을 결의한다. 반대로 아일랜드 자유국 군대는 조약 반대파를 막지 못하면 다시 영국군이 돌아오게 될 것이므로 무슨 일이 있어도 투쟁을 종식시킬 것을 다짐한다. 그렇게 발생한 내전은 처참했다. 아일랜드 독립 전쟁 당시 영국군에게서 숨겨 주고 밥을 챙겨 준 집을 찾아낸 아일랜드 자유국 군인들은 마치 과거의 영국군처럼 폭압적으로 수색하고 부녀자들에게까지 폭력을 행사했다.

영화가 데미안의 처형으로 끝나듯이, 실제 아일랜드 내전의 최종 승리자는 아일랜드 자유국이었다. 아일랜드 내전 중 가장 큰 전투는 1922년 6월 28일~7월 5일 동안 아일랜드의 수도 더블린에서 일어났는데, 이 전투에서만 80명의 전사자와 280명의 부상자가 나왔다. 앞서 1922년 4월 14일에 IRA 반군이 더블린의 4개 법원을 점령하자, 영국 처칠 정부는 아일랜드 자유국 임시정부를 향해 이들을 몰아내지 않으면 영국군이 아일랜드 전역을 침공하여 재점령하겠다는 통첩을 했다. 이에 다급해진 아일랜드 자유국 임시정부는 영국군의 지원을 받아 반군을 몰아내고 승리를 거둔다. 이때 전투를 총지휘했던 아일랜드 자유국의 사령관 마이클 콜린스(1890~1922)는 영화에서 테디가 그렇듯이 IRA 최고의 전략가로 명성이 자자했다. 더블린 전투를 성공적으로 이끌었던 그는 아일랜드 자유국이 성립한 후 아일랜드 자유국 국군 총사령관이 되었다. 그는 내전이 거의 끝난 1922년 8월에 자신의 고향이며 반군 지역이자 아일랜드 자유국이 되찾은 지역인 코크 지방을 방문했다가 IRA 매복군의 기습으로 암살당했다. 당시 그의 나이는 32세였다. 그의 일생을 그린 영화 〈마이클 콜린스〉(1996)는 베네치아 영화제 황금사자상을 받기도 했다.

일제 강점기 무장 독립군 투쟁, 그리고
아일랜드 공화국의 독립 투쟁

아일랜드 공화국의 독립 투쟁은 우리나라 역사의 일제에 맞선 무장 독립군 투쟁과 획을 같이 한다. 우리 민족이 3.1운동으로 힘입어 상하이에 대한민국 임시정부를 수립했던

1919년 1월, 같은 시기에 아일랜드 공화국도 독립 선언을 하고 독립 투쟁에 들어간다. 우리 민족이 탑골 공원에서 기미 독립 선언서를 낭독했듯이, 그보다 3년 전인 1916년 4월에 아일랜드인들은 더블린 중앙 우체국에서 독립 선언서를 낭독하고 무장 투쟁에 나선다. 또한 일제가 33인 민족지사들을 투옥하고 시위대에 끔찍한 학살을 자행했듯이, 영국도 부활절 봉기에 앞장섰던 16명의 아일랜드 민족 지도자들을 처형했다.

그리고 3.1 운동의 영향으로 여러 곳에 세워졌던 임시정부들이 상하이 대한민국 임시정부로 합쳐진 것처럼, 아일랜드도 부활절 봉기 이후 민족주의적 공화주의 정당인 신페인당(아일랜드어로 '우리 스스로' 당이라는 뜻)이 세력을 확대하여 다수당이 되었다. 또 봉오동 전투와 청산리 대첩이 일어났던 1920년에는 아일랜드의 IRA 독립 투쟁도 최고의 성과를 이루어 19명의 영국 정보원을 처단하는 데 성공했다.

일제가 청산리 대첩에 대한 보복으로 간도 대참변을 일으켰듯이, 영국군도 풋볼 경기가 진행 중인 크로크 공원에 무차별 사격을 퍼부어 민간인 학살을 자행한 '피의 일요일' 사건을 일으킨다. 또한 대한민국 임시정부는 아일랜드인 조지 쇼(1880~1943)가 경영하는 무역회사인 이륭양행의 배를 이용하여 국내에 폭탄과 독립 투사들을 실어 나르곤 했다. 조지 쇼가 우리나라 임시정부에 협력을 아끼지 않은 이유는 자신의 조국이 겪고 있는 고통이 일본 제국주의의 침탈을 받고 있는 우리나라의 모습과 닮아 있었기 때문이다.

아일랜드 기근과 '보이콧(Boycott)'

아일랜드 수도 더블린의 항구 리피 강가에는 독특한 청동 조각 작품이 있다. 아일랜드를 덮친 대 기근을 나타낸 〈기근〉(1997)이라는 작품으로, 조각가 로완 길레스피가 만든 것이다. 뼈와 가죽만 남은 사람들이 마치 영혼을 빼앗긴 듯한 모습으로 서 있다.

〈기근(Famine)〉, 로완 길레스피, 1997년 작

당시 아일랜드인의 주식은 감자였는데, 성인 남자가 하루에 감자 8개로 겨우 배를 채운 후 힘든 농사일을 했다. 그들이 감자를 주식으로 먹게 된 것은 영국인들의 착취와 수탈 때문이었다. 영국인들은 아일랜드를 정복한 후 무력으로 토지를 빼앗고 영국 본토에서 이주해 온 영국인에게 토지를 무상으로 분배했다. 영국 지주들이 소작료로 밀을 원했기 때문에, 농경지의 80퍼

센트에는 밀을 심어야 했다. 아일랜드인들은 밀을 심고 남은 척박한 땅에 겨우 감자를 심어서 주식으로 삼았다.

아일랜드에는 1842~1847년까지 감자에 퍼진 마름병에 의한 흉작으로 100만 명이 굶어 죽는 대 기근이 일어났다. 그로부터 30여 년 만인 1879년에 또다시 흉작이 들었다. 아일랜드인들은 '아일랜드 토지 연맹'을 결성하여 소작료 낮추기 운동과 노동 조건 개선 운동을 펼쳤다. 그런데도 영국인 백작 영지의 대리인인 찰스 보이콧은 소작료를 내지 못한 소작인들을 영지에서 추방하려고 했다. 소작인들은 '아일랜드 토지 연맹'의 지도에 따라 그를 집단적으로 따돌리기 시작했다. 소작인들은 물론 보이콧 집에서 일하는 노동자들 모두 일하기를 거부했고 우편 배달부도 그에게 우편물을 배달하지 않았다. 보이콧은 마차를 운전할 마부도 구할 수 없어 겨우 구급마차(오늘날의 119)를 타고 더블린까지 갔으나, 그가 머무르는 호텔에도 그의 체류를 반대하며 호텔을 '보이콧'할 것이라는 경고장이 날아왔다. 이런 그의 사건이 언론을 통해 알려지면서, 이러한 집단행동을 '보이콧 운동'으로 부르게 되었다.

〈 1917 〉

2020

#제1차 세계 대전 #참호전

3장

전우의 시신으로 가득 찬
참호를 넘어서

🌐 세계사 연표	🏃 그때 우리는
1914년 사라예보 사건	1914년 대한 광복군 정부 수립
1914년 제1차 세계 대전(~1918) 발발	1915년 대한 광복회 결성
1917년 러시아 혁명	1918년 무오 독립 선언
1918년 독일 11월 혁명	1918년 신한 청년당 조직

한 병사가 폭탄이 터지는
전쟁터를 가로지른다.

20세기 들어 세계는 두 차례에 걸친 세계 대전의 폐해에 시달렸다. 그중 먼저 일어난 제1차 세계 대전은 1914년에 보스니아-헤르체고비나의 수도에서 일어난 '사라예보 사건'이 그 발단이었다. 당시 발칸반도는 '유럽의 화약고'로 불릴 정도로 전쟁이 일어날 가능성이 높은 지역이었는데, 게르만족과 슬라브족을 비롯한 여러 민족이 얽혀 살면서 서로 힘겨루기를 하고 있었다. 독일은 오스트리아·헝가리 제국과 손을 잡고 '범게르만주의'를 외치고 있었고, 러시아는 세르비아 등을 지지하며 '범슬라브주의'를 주장했다. 유럽의 강대국들은 서로 협상을 맺거나 동맹을 맺었다. 제1차 세계 대전은 사라예보 사건의 당사국인 오스트리아-헝가리 제국과 세르비아를 중심으로 세계가 두 편으로 갈라져 만 4년을 싸운 전쟁이었다. 제1차 세계 대전의 양상은 어떻게 진행되었을까? 전쟁 과정에서는 어떤 무기들이 사용되었을까? 지금부터 제1차 세계 대전의 참화 속으로 들어가 전쟁이 우리에게 주는 교훈에 대해 생각해 보자.

목숨을 걸고 전선을 달려
얻은 결과

쏟아지는 폭탄을 피해 전장을 가로질러 달리는 한 병사가 있다. 겁에 질린 듯하지만 굳은 의지로 앞만 보고 달려 나간다. 그는 거짓 정보의 함정에 빠진 영국군 부대 지휘관에게 공격을 중지하라는 명령을 전하는 일생일대의 임무를 수행 중이다.

출발할 때 그는 혼자가 아니었다. 그 옆에는 동료인 톰 블레이크가 있었다. 에린무어 장군이 이 임무를 부여한 사람은 사실 톰 블레이크였다. 명령서가 전달될 목적지인 데본셔 연대 제2대대에는 그의 형인 조셉 블레이크 중위가 1,600명의 대원들과 함께 진격 명령이 떨어지기만을 기다리고 있었다. 만약 진격을 중지하라는 장군의 명령을 대대장인 매켄지 중령에게 전달하지 못하면 그들은 독일군의 무차별한 포격으로 전멸하게 될 터였다. 톰 옆에서 휴식을 취하던 스코필드는 얼결에 동참했다가, 졸지에 임무 수행을 도맡게 된다.

2020년 제92회 아카데미 시상식에서 한국의 봉준호 감독이 제작한 〈기생충〉과 수상을 다투며 10개 부문에 수상 후보로 올랐던 영화 〈1917〉의 내용 중 일부이다. 제77회 골든 글로브 시상식에서는 감독상과 작품상을 수상했고 미국 영화 연구소에서 꼽은 올해의 10대 영화상으로 선정되었다. 아카데미 시상식에서는 촬영상, 음향효과상, 시각

효과상을 수상했다.

〈1917〉은 제1차 세계 대전을 배경으로 한 전쟁 영화지만, 동시에 휴머니즘을 담고 있다. 영화는 당신이라면 이러한 위기 상황에서 어떤 행동을 하겠는가를 끊임없이 묻는다. 영화의 주인공인 윌리엄 스코필드 일병은 아내와 딸들이 있는 가장이다. 그가 달리는 길에는 목숨이 한순간에 사라질 수 있는 갖가지 위험 요소가 가득하다. 아니나 다를까, 독일군이 설치해 놓은 부비트랩이 터지면서 스코필드의 몸은 나가떨어지고 그 위로 무너진 참호의 돌들이 쌓인다. 정신을 잃고 돌무더기에 파묻힌 그를 블레이크가 뜨거운 동료애로 살려 낸다.

하지만 적군인 독일군을 구해 주다가 오히려 블레이크가 죽음을 당한 이후, 스코필드는 혼자서 임무 수행을 해야 했다. 스코필드의 길은 험난했다. 여기 저기 무너져 내린 건물 더미의 잔해들은 전쟁의 참화를 그대로 보여 준다. 간신히 대대에 도착했지만, 군대 대열이 끝이 없어 앞으로 나아갈 수가 없었다. 할 수 없이 참호 밖 지대로 올라가 포격과 총격이 빗발치는 전장을 가로질러 질주를 한 끝에 스코필드는 작전 참모 회의 중인 매켄지 중령을 만날 수 있었다. 목숨을 잃을 정도의 수많은 위험을 물리치면서 끝까지 임무를 포기하지 않은 스코필드가 있었기에 1,600명 군인들의 죽음을 막아낼 수 있었다.

두 병사의 눈에 비친 참호전의 실체는 어땠을까?

흔히 제1차 세계 대전을 '삽으로 하는 전쟁'이라고 한다. 단 1센티미터를 더 차지하기 위해 삽으로 판 참호 속에 몸을 숨긴 채로 서로를 죽고 죽이는 참혹한 전선이 끝도 없이 이어졌다. 영화 속에서 스코필드와 블레이크가 도착한 참호에는 곳곳마다 팔 다리가 잘린 시신이 가득하다. 어제의 동료는 오늘 참호 속 시체가 되었다. 제1차 세계 대전은 화약을 대대적으로 사용한 인류 역사상 첫 대규모 전쟁이면서, 동시에 사람이 적진에 근접해서 싸우는 치열한 백병전이기도 하다. 영화는 시체를 밟지 않고서는 서 있을 수도 없었다는 참호전의 참상을 그대로 복원하여 보여 준다. 스코필드와 블레이크의 대화 중에 참호 속에서 자는 사이에 쥐가 어깨에 앉아 머리 기름을 핥아 먹다가 사람이 깨어나자 귀를 자르고 도망쳤다는 이야기가 나온다. 참호 속의 양상이 얼마나 끔찍했는가를 알려주는 대화이다.

참호는 유럽 서부 내륙에서 시작하여 벨기에의 대서양 해안가 바로 안쪽에 이를 정도로 길고 또 길었다. 각국은 참호를 부수기 위해 자동 소총인 기관총을 앞다투어 개발했다. 1킬로미터를 차지하기 위한 참호전에서 1분에 650발이 발사되는 자동소총은 1만 5천여 명의 병사들을 죽음에 몰아넣었다. 영국은 참호를 넘으며 부술 수 있는 탱크 150대를 제작하여 전쟁에 투입했다. 탱크는 영국 공병대 소속 스윈튼 중령

(위부터 시계 방향으로) 솜 전투 당시 폭격으로 파괴된 마을, 힌덴부르크 선을 넘는 마크 V 전차, 다르다넬스 해협에서 기뢰에 맞아 침몰한 항공모함 HMS일레시스티블, 솜 전투 당시 방독면을 착용한 영국군 병사의 모습, 자그스타펠11 전투기인 알바트로스 D.Ⅲ(출처: 위키피디아)

이 농사지을 때 사용하는 트랙터에서 아이디어를 얻어 개발했다. 탱크의 시속은 6킬로미터였고 8명의 승무원이 탑승할 수 있었으며, 무게는 28톤이나 되는 괴물이었다. 탱크에는 2문의 화포와 기관총 3정이 실려 있었다. 탱크가 처음 투입된 전투는 1916년의 솜 전투이다. 영국 프랑스의 연합군과 독일군 사이에서 치열하게 전개되며 100만 명의 사상자를 낳은 제1차 세계 대전 중 최악의 전투로 손꼽힌다. 솜 전투에 탱크가 출현하자 독일군은 엄청난 충격을 받았다. 그러나 탱크는 느려 터지고 고장도 잦아서 생각보다 위협적인 존재는 되지 못했다. 한편 참호를 부수기 위해 박격포가 개발되었다. 박격포는 가볍고, 쏘아 올리면 참호 위에서 터져서 적군에게 막대한 피해를 주었다.

또한 영화에서 독일군이 거짓으로 철수한 것을 알아낸 것은 항공 정찰 덕분이었다. 1903년에 라이트 형제가 처음 비행에 성공한 비행기가 제1차 세계 대전에 정찰기의 모습으로 사용되기도 했다. 이때 인류 역사상 가장 치명적이고 추악한 무기인 독가스도 등장했다. 독가스가 참호 속에 살포되면 군인들은 속수무책으로 고통 속에서 비참하게 죽어 갔다. 독가스를 마시면 30분 내에 사망할 정도로 치명적이었다.

제1차 **세계 대전**의 **전개** 속에 **독일**의 무제한 **잠수함 작전**이 가져온 **반전**

1914년, 전쟁이 시작되었을 때 유럽 각국은 두 패로 나뉘었다. 오스트리아·헝가리 제국 편에는 동맹국인 독일, 오스만 제국, 불가리아가 가담했고, 세르비아 편에는 영국, 프랑스, 러시아의 연합국, 그리스, 루마니아, 일본, 이탈리아가 편을 들었다. 이탈리아는 삼국동맹국이었지만, 자국의 이익을 저울질하다가

1915년이 되자 3국 동맹의 폐기를 선언하고 협상국 측에 가담했다. 전쟁에 참가한 국가들은 승리를 장담했고, 단 기간 내에 상대국들을 패배시켜 전쟁을 끝낼 수 있을 것이라고 생각했다. 그러나 전쟁이 시작되니 그것은 큰 착각이었다. 셀 수 없이 많은 인명 피해를 가져오면서 장기전에 돌입했다. 참전한 신병들은 대부분 지원병으로 채워졌는데, 전쟁터의 비참함이 보도 통제가 된 바람에 후방에는 소식이 전달되지 않았기 때문이다. 각국의 청년들은 애국심과 국제적 도덕성을 지키고 정의를 수호하겠다는 이상적인 생각을 가지고 전쟁에 참가했다.

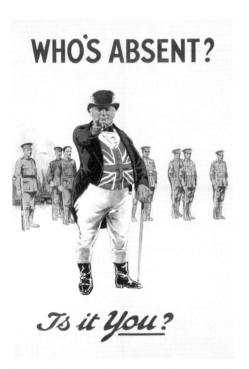

제1차 세계 대전 당시, 입대를 자원할 것을 독려하는 영국의 모병 포스터. "누가 빠졌습니까? 당신입니까?"라고 쓰여 있다(출처: 위키피디아).

독일은 먼저 서부 전선에 주력하여 프랑스를 물리친 다음, 러시아가 군사를 배치한 동부 전선으로 병력을 이동시켜 공격을 하겠다는 야심찬 계획을 세웠다. 과거 전쟁에서 러시아는 워낙 큰 나라이기 때문에 항상 병사 동원이 느렸기 때문이다. 그러

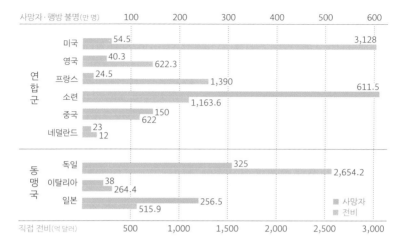

제1차 세계 대전 당시 발생한 각국의 사상자 수

나 상황은 예상을 완전히 뒤엎었다. 벨기에를 침공하기 전까지는 예상한 대로 서부 전선 공략에 이상이 없었는데, 양국에서 200만 명이 투입된 대규모의 마른 전투에서 독일군이 프랑스군에게 무참하게 패배했기 때문이다. 이 전투를 계기로 독일은 이후 3년 동안 서부 전선의 전형적 전투 형태인 참호전으로 전쟁을 치러야 했다.

금방 끝날 것 같았던 전쟁은 장기전으로 계속되었다. 각국은 후방의 국민들, 특히 여성들까지 군수품 생산에 동원하는 총력전을 펼쳤다. 여성들은 군수 공장, 병원, 철로 등에서 전쟁에 나간 남성들을 대신해 노동력을 제공했다. 아이러니하게도 이것은 여성의 사회 참여권과 발언권을 신장시켜, 제1차 세계 대전 후에 미국과 유럽 각국에서 여성의 참정권을 인정하는 결과를 낳았다.

해전에서는 세계 최강의 막강한 해군을 보유한 영국이 독일을 궁지에 몰아넣었다. 독일은 해외 식민지를 잃어버리게 되었고 군수물자 공급에 막대한 차질을 빚게 되었다. 고민하던 독일은 '무제한 잠수함 작전'으로 위기를 극복하려 했다. 말 그대로 독일이 장악한 해역에 들어오는 모든 선박을, 적이든 아니든 상관없이 무제한으로 공격하겠다는 것이었다. 그러나 이 작전은 뜻하지 않은 결과를 가져왔다. 작전 중, 독일이 실제로 영국의 정기여객선 루시타니아호를 침몰시켰는데 이 배에서 128명의 미국인이 목숨을 잃었다. 전쟁에 참여하지 않고 전쟁 특수를 누리고 있었던 미국은 자국민이 억울하게 죽음을 당하자 연합군 합류를 결정했다. 미군의 참전으로 매달 30만 명의 신병이 전선에 새로 배치되었고, 전쟁의 대세는 연합국에 유리한 쪽으로 흘러가기 시작했다.

1917년에 일어난 세계 역사의 향방을 바꾼 사건들

영화의 배경이 되었던 1917년은 제1차 세계 대전이 종전을 향하여 달리던 해이다. 영화는 독일군이 방어하기가 더 수월한 힌덴부르크 선의 새로운 진지로 철수했던 알베리히 작전에서 영감을 얻어 제작되었다.

두 주인공 스코필드와 블레이크는 전쟁 속에서 사람을 죽이는 무기가 아닌, 사람을 살리는 메신저로 달리고 또 달린다. 영화는 역사의 소용돌이 한가운데서 묵묵히 자신의 임무를 수행하는 두 병사를 통해 역사에 기록되지 않은 수많은 무명용사들의 희생과 피땀이 전쟁의 종전을 이끌었음을 말하고 있다. 그리고 그 참혹한 전쟁 속에서 피어난 인간적인 모습도 담아내었다.

한편 바로 그 해, 1917년에 러시아에서는 사회주의 혁명이 일어났다. 러시아는 레닌의 주도 하에 브레스트-리토프스크 조약을 독일과 단독으로 체결하고 전쟁을 끝내 버렸다. 1918년이 되자 독일의 동맹국이었던 불가리아가 9월에, 오스트리아·헝가리 제국과 오스만 제국이 10월에 항복을 했다. 한 달 뒤인 11월 3일, 수병들의 폭동을 시작으로 독일에서도 혁명이 일어난다. 혁명은 성공하여 빌헬름 2세는 쫓겨났고 '바이에른 민주사회주의공화국'이 선포되었다. 공화국의 총리가 된 프리드리히 에베르트(1871~1925)가 1918년 11월, 연합군과 파리 강화 조약을 맺으면서 제1차 세계 대전은 만 4년 만에 막을 내렸다.

사라예보 사건

1914년 6월 28일, 오스트리아·헝가리 제국이 합병한 보스니아-헤르체고비나의 수도 사라예보 한복판에서 총성이 울려 퍼졌다. 사라예보를 순방 중이던 오스트리아·헝가리 제국 황태자 부처가 탄 오픈카를 향하여 총이 발사되었는데, 처음에는 누구도 부상당한 사람이 없는 것 같았다. 그런데 갑자기 황태자 비인 호엔베르크 공작 부인이 황태자 페르디난드 공의 가슴에 무너지듯 쓰러졌다. 황태자는 반듯한 자세로 앉아 있었다. 수행원들이 헐레벌떡 달려왔을 때도 누구도 황태자가 총에 맞았다는 사실을 몰랐다. 황태자비도 단지 기절한 줄만 알았다. 안도의 한숨을 쉬는데 갑자기 황태자의 입에서 울컥 피가 쏟아져 나오고, 그만 쓰러져 버리고 말았다.

세르비아의 민족주의자 청년 가브릴로 프린치프가 오스트리아·헝가리 제국으로부터 남부 슬라브족의 해방을 위해 오스트리아·헝가리 제국의 황태자 프란츠 페르디난트 대공 부처를 암살한 것이었다. 그는 '검은 손'이라는 세르비아 비밀 결사 단체의 단원이었다. 이 사건으로 프린치프는 20년 징역형을 받았다. 사형을 받지 않은 이유는 그가 19세의 미성년이었기 때문이다. 그는 복역 중에 폐결핵에 걸려서 제1차 세계 대전이 끝나는 것을 보지 못하고 숨을 거두었다.

〈줄무늬 파자마를 입은 소년〉(The Boy In The Striped Pajam

2008

#제2차 세계 대전 #히틀러의 인종주의 #홀로코스트

4장

독일인 소년과 유대인 소년의
우정은 지켜질 수 있을까?

친구가 된 독일인 소년 브루노와
유대인 소년 슈무엘이
철조망을 사이에 두고 대화하고 있다.

제1차 세계 대전이 끝나고 20년이 지난 1939년, 제2차 세계 대전이 발발했다. 인류는 연이은 전쟁 속에서 대량 학살과 인권 침해 등 회복하기 어려운 깊은 상처를 입었다. 전쟁을 빨리 끝내기 위해 개발된 핵폭탄과 같은 대량 살상 무기는 현재까지 인류에 큰 위협이 되고 있다.

독일은 그 두 번의 세계 대전을 일으킨 중심 국가이다. 특히 제2차 세계 대전 중에는 전쟁을 일으킨 주범 아돌프 히틀러(1889~1945)에 의해 유대인 대량 학살이 자행되었다. 히틀러는 철저한 인종주의자로, 게르만족이 세계에서 가장 인종적으로 우월하다고 믿었다. 유대인은 게르만족에게 가장 해를 입히는 인종이기에 그들이 사라져야 게르만족의 순수한 혈통이 이어질 수 있다고 생각했다. 수백만 명의 유대인들이 사회에서 분리되어 아우슈비츠 같은 강제 수용소로 이송되었다. 그들은 강제 수용소에서 어떤 생활을 했을까? 친구가 된 독일인 소년과 유대인 소년이 수용소 어른들을 따라 간 곳은 어떠했을까? 인류 역사상 가장 잔인했던 전쟁 범죄의 파장 속으로 들어가 보자.

독일인 소년과 유대인 소년이 철조망을 사이에 두고 우정을 나누게 된 이유

제2차 세계 대전 중인 1940년대 초반. 어른들의 세계를 전혀 모르는 8살 독일 소년 브루노는 호기심 많은 개구쟁이였다. 브루노의 가족은 전쟁 중이지만 베를린의 부족할 것 없는 저택에서 평화롭게 살고 있다. 어느 날, 매우 유능한 SS 친위대 소속 독일군 장교인 브루노의 아빠가 매우 중요한 일을 맡게 되어 집에서 축하 파티를 연다. 그런데 아빠의 근무지 옆으로 이사를 가게 되었다는 소식에 브루노는 금방 시무룩해진다. 친한 친구들과 익숙한 환경의 베를린을 떠나서 낯선 곳으로 가야 하기 때문이다. 기차를 달려 브루노 가족이 도착한 곳은 삭막해 보이는 이층집으로, 근처에는 학교도 놀이터도 없었다. 심심해진 브루노는 우연히 방 창문 너머 울창한 숲 뒤에 농장 같은 곳이 있다는 것을 발견한다. 그 농장에서 일하는 사람들은 이상하게도 줄무늬 파자마를 입고 있었다.

〈줄무늬 파자마를 입은 소년(The Boy In The Striped Pajamas)〉은 영국의 마크 허만 감독이 아일랜드 작가 존 보인의 소설을 원작으로 제작한 영화로, 제44회 시카고 국제 영화제 관객상을 수상했다. 존 보인은 놀랍게도 단 이틀 만에 이 소설의 얼개를 완성했다고 한다. 유대인의 수용복을 줄무늬 파자마로 착각한 아이의 시선이라는 작가의 참신한 아이디어가 제목에 반영되어 관객들의 호기심을 불러일으킨다.

탐험 놀이를 즐기는 브루노는 몰래 정원 뒷마당을 통해 숲을 통과하여 철조망이 쳐 있는 그 수상한 농장에 도착했다. 거기에서 줄무늬 파자마를 입고 게임을 하듯 번호판을 옷에 달고 있는 유대인 소년 슈무엘을 만나 친구가 된다. 브루노는 굶주리는 슈무엘을 위해 커다란 샌드위치를 몰래 가져다주기도 하고, 공을 갖고 가서 철조망 사이로 던지며 놀거나 체스 판을 가져가 함께 체스를 하면서 우정을 쌓는다. 하지만 어느 날부터인가 브루노는 슈무엘을 볼 수 없었다. 드디어 슈무엘을 만났지만, 구타를 당해 한쪽 눈을 잘 뜨지 못하는 상태였다. 브루노는 아빠가 사라졌다는 슈무엘을 돕기 위해 삽을 가져와 철조망 아래를 파서 수용소 안으로 들어가기로 한다.

영화는 이 장면에 오기까지 곳곳에서 수용소의 비밀을 관객에게 노출시킨다. 특히 냄새는 비밀을 알려주는 중요한 소재다. 브루노는 슈무엘을 만났을 때 농장의 굴뚝에서 무엇을 태우는지 물어본다. 슈무엘은 무엇을 태우는지는 모르겠고 엄마가 알려주기를 옷을 태우는 냄새라고 말한다. 영화의 원작자는 인터뷰에서 극도로 잔인한 전쟁 범죄가 행해지던 아우슈비츠의 상황에 눈을 감고 무관심했던 사람들에 초점을 두어 소설을 썼다고 했다. 영화에서 브루노의 엄마인 엘자는 아우슈비츠에서 행해지는 대학살에 대해 격렬하게 비판을 토해 낸다. 그녀역시 냄새를 통해 전쟁 범죄를 알게 되었다. 철두철미한 나치즘 신봉자이며 아우슈비츠 수용소장인 브루노의 아빠 랄프는 아내에게도 유대인 학살이나 가스실에서 죽인 후 시신들을 태운다는 사실을 말하지 않았다. 결국 그 사실을 알게 된 엘자는 남편에게 항의를 하고, 결국 랄프 소장은 아내의 말에 따라 이사를 결심한다. 그리고 이사 가기로 한 바로 그 날, 끔찍한 비극이 일어난다.

울타리 아래를 삽으로 파서 수용소로 들어간 브루노는 사실 그곳이 농장이 아니고 유대인들이 강제 노동을 하는 곳이라는 것을 누나 그레텔에게 들어 알고 있었다. 그러나 수용소 내부는 상상했던 것 이상으로 끔찍했다. 동물 우리보다 더 열악한 환경에서 강제 노동에 지친 유대인들이 뼈만 남은 모습으로 간신히 숨만 쉬고 있었다. 겁이 난 브루노는 슈무엘과 함께 탈출하려 하지만, 얼결에 샤워실에 들어가게 되고 그렇게 비극이 일어난 것이다. 영화는 마지막 장면에서 굳게 잠긴 가스실 문을 시작으로 유대인들이 가스실로 들어가기 전에 벗어 놓은, 수많은 '줄무늬 파자마'들을 보여 주면서 끝이 난다.

제2차 세계 대전이 가져온 반인륜 범죄, 홀로코스트의 실상은?

한편에서 영화가 역사적으로 맞지 않는다는 비판이 있었다. 아우슈비츠 같은 강제 노동 수용소에서는 노동을 할 수 없는 허약한 사람이나 어린이들은 곧바로 가스실로 보내졌다는 것이다. 하지만 이 내용이 오류임이 밝혀졌다. 아우슈비츠 수용소에 수감된 미성년자는 최소 23만 2,000명이었고, 그중 전쟁이 끝날 때까지 살아남은 아이들도 750명에 달했다. 다만 영유아는 수용소에 도착하자마자 바로 가스실로 보내졌고, 수용소에 도착하여 태어난 신생아를 엄마에게서 빼앗아 오븐에 던져졌다는 증언이 있다.

물론 영화는 픽션일 수밖에 없다. 아우슈비츠 수용소의 경비 태세를 보았을 때 철조망을 가운데 놓고 소년들이 공놀이를 하거나 체스를 둘 수가 없기 때문이다. 아우슈비츠 수용소에는 고압 전류가 흐르는 철조망이 3미터 높이로 쳐 있어서 브루노가 가져온 삽으로 그 아래를 파는 것은 불가능했다. 또 수용소 내부에는 24시간 돌아가는 감시탑이 있어서 슈무엘이 일행에서 떨어져 나와 철조망에서 한가하게 브루노와 공놀이를 하거나 대화를 할 수도 없었다. 그럼에도 불구하고 무고한 유대인들이 가스실로 끌려가 죽임을 당하고 그 시신은 불태워졌다는 강제 수용소의 모습만큼은 사실 그대로 묘사되었다.

이렇게 제2차 세계 대전 중에 일어난 유대인 대량 학살을 '홀로코스트(holocaust)'라고 한다. 홀로코스트는 원래 '불에 의하여 희생된 제물, 번제(燔祭)'라는 의미의 그리스어 'holókauston'에서 유래된 용어이다. 영어의 제노사이드, 히브리어의 쇼아도 같은 의미로 사용된다. 프랑스 파리에는 1956년에 설립된 '쇼아 기념관'이 있어 제2차 세계 대전 당시 희생된 유대인 7만 6천여 명의 명단이 벽에 새겨져 있다. 제2차 세계 대전 당시 홀로코스트로 600만 명에 이르는 유대인들이 폴란드

홀로코스트 당시 유대인 학살에 사용된 가스의 고형이 담겼던 빈 캔들(왼쪽)과, 아우슈비츠 박물관에 전시된 학살당한 유대인들의 머리카락들(오른쪽)(출처: 위키피디아)

에 위치한 아우슈비츠 등의 강제 수용소에서 피골이 상접한 상태로 중노동을 하다가, 결국은 가스실에서 인종 청소라는 이름으로 대량 학살을 당했다. 이 숫자는 당시 유럽에 거주하고 있던 유대인 9백만 명 중무려 3분의 2에 해당한다. 그중 슈무엘 같은 어린이 1백만 명이 죽임을 당했다. 하루에 어른, 어린아이 할 것 없이 5천여 명이 죽임을 당하고, 수많은 사람들이 화학 무기 개발을 위한 바이러스 감염과 백신 효과에 대한 생체 실험으로 희생되었다. 홀로코스트의 대상에는 유대인 외에도 게르만족의 혈통을 지킨다는 명목 하에 정신박약아 등의 장애인과사상적 분류에 의해 공산주의자, 여호와의 증인과 같은 이단자, 동성연애자, 집시 등이 포함되었다.

홀로코스트는 앞에서 말한 바와 같이 히틀러의 집권과 함께 시작되었다. 히틀러는 자신의 저서인《나의 투쟁》에서 이렇게 주장했다. "민족주의 국가는 인종을 모든 생활의 중심에 두어야 한다. 국가는 인종의 순수한 유지를 위해 배려해야 한다"

그의 주장을 뒷받침하기 위해 1935년에는 반 유대인 인종법인 '뉘른베르크 법'이 제정되었다. 이 법은 홀로코스트의 신호탄이었다. 뉘른베르크 법에 의해 독일 내 유대인은 시민권을 완전히 박탈당했다. 이 법에서 유대인이란 조부모 두 사람이 모두 유대인일 경우로 정의했다. 독일인과 유대인의 결혼이 금지되었고 모든 재산이 몰수되었다. 1938년에는 모든 유대인 학생들이 독일 학교에서 퇴학을 당했다. 제2차 세계 대전이 시작되자 유대인들을 '게토(유대인 거주 지역)' 안에서만 살도록 철저히 격리시켰다. 6세 이상의 모든 유대인은 '다윗의 별'이라는 노란색 배지를 착용하게 했다.

'죽음의 열차'를 타고 도착한 아우슈비츠 강제 수용소

1940년 5월, 폴란드 수도 바르샤바에서 약 300킬로미터 떨어진 곳인 오시비엥침에 폴란드군 병영의 막사 건물을 개조하여 강제 수용소가 세워졌다. 이 수용소를 독일어로 아우슈비츠라고 불렀다. 나치가 세운 강제 수용소 중 최대 규모였다. 이후 유대인들은 '죽음의 열차'로 불리는 화물 기차에 숨을 쉴 수 없을 정도로 빼곡하게 실려 수용소로 끌려가 중노동을 하다가 독가스를 마셨고 시신은 불태워졌다. 신체가 비교적 건강하여 일할 수 있는 유대인들은 쓰러질 때까지 강제 노동을 해야 했다. 그러나 그들 역시 영양실조, 질병, 고문으로 결국에는 숨을 거두었다. 집시 아이들을 대상으로 잔인한 생체 실험도 행해졌다. 아우슈비츠에서 근무한 요제프 멩겔레 박사는 사탕과 장난감을 주며 아이들을 실험실로 데려가 약물을 주입하거나 신체를 함부로 절단하고 꿰매는 실험까지 했다. 실험을 당한 아이들은 상처가 감염되어 고통으로 비명을 지르다가 죽어갔다.

아우슈비츠는 1945년 1월 27일 폴란드에 소련군이 들어오면서 해방될 수 있었다. 현재는 홀로코스트의 역사적 증언을 해 주는 전시관이 되어 전 세계에서 수많은 관광객들이 아우슈비츠를 방문한다. 방마다 산처럼 쌓여 있는 유대인들의 안경과 구두, 이들의 머리카락으로 만든 군용 모포와 시신을 태울 때 나오는 인간 기름으로 만든 비누를 본 후, 마지막에는 독가스실로 안내되어 그 현장을 직접 확인할 수 있다.

| 역사 지식 넓히기 | '화장터의 까마귀' 존더코만도 |

나치 친위대 SS(Schutzstaffel)는 아우슈비츠 수용소에서 유대인들을 줄 세워 고문을 하고 가스실로 안내한 후, 그들이 죽으면 시신을 불태우는 역

아우슈비츠 수용소의 시체 소각로(출처: 위키피디아)

할을 '존더코만도(Sonderkommando)'라고 불렀던 유대인들에게 시켰다. 'Sonder'는 '기이한'이라는 뜻이고, 'kommando'는 특공대라는 뜻이다. 죽은 유대인들의 치아에서 금니를 뽑아내는 일도 이들이 했다. 영화에서도 브루노와 슈무엘이 가스실로 끌려갈 때 행렬을 감시하며 재촉하는 줄무늬 옷을 입은 유대인 무리들을 볼 수 있다. 존더코만도로 선발된 유대인들은 무조건 복종해야 했다. 거부할 때는 자신 역시 가스실 행이었기 때문이다.

시기별로 약 300~900명 정도의 존더코만도가 있었고 이들은 유대인 동료들에게 '화장터의 까마귀'라고 불리며 비난을 받았다. 신임 존더코만도가 가장 먼저 하는 일은 3개월에서 1년의 임기가 끝나 가스실 행이 된 선임 존더코만도의 시신을 화장하는 것이었다. 첫날 작업을 하고 난 후에는 거의 미칠 지경이 되었다고 전쟁 후 살아남았던 존더코만도가 증언했다.

영화별
세계사 포인트
알고 가기!

〈킹덤 오브 헤븐(Kingdom Of Heaven)〉(2005)   십자군 전쟁

〈부활(Risen)〉(2016)   크리스트교

〈티벳에서의 7년(Seven Years In Tibet)〉(1997)   티베트 독립

〈셜록 홈즈(Sherlock Holmes)〉(2009)   사이비 종교

4부

종교관

인류의 삶을 바꾼 세계 종교와
인간을 유혹하는 사이비 종교

〈킹덤 오브 헤븐(Kingdom of Heaven)〉
2005

#십자군 전쟁

성지 예루살렘을 놓고 벌인
십자군과 이슬람군의 전쟁

이슬람군의 예루살렘성 함락을 눈앞에 두고
기사 발리앙이 이집트 아이유브 왕국의 왕인
살라딘과 협상을 벌인다.

종교는 인류를 구원하기도 하지만, 문명 간의 충돌을 가져와 끝없는 전쟁으로 치닫게 만들기도 한다. 현재 이스라엘의 수도인 예루살렘은 유대교, 크리스트교, 이슬람교의 유서 깊은 성지이다. 서유럽 중세 시대에는 예루살렘을 셀주크 튀르크가 점령하면서 크리스트교 신자들의 성지 순례가 불가능해지자 성지 탈환을 목표로 200여 년에 걸친 종교 전쟁이 일어났다. 이 전쟁을 서유럽에서는 '십자군 전쟁'이라고 한다.

이 영화는 12세기에 있었던 십자군 전쟁 중, 제3차 십자군이 일어나기 5년 전인 1184~1187년 동안 이루어진 이슬람의 위대한 지도자 살라딘(1137~1193)에 의한 예루살렘 함락 과정을 다루고 있다. 십자군이 예루살렘을 이슬람 세력으로부터 지켜내겠다는 종교적 동기 외에 불순한 동기를 갖고 있었다면 그것은 무엇이었을까? 예루살렘을 차지할 때 십자군이 저질렀던 만행과 비교해서 살라딘의 행위는 어떠했을까? 예루살렘 성지를 놓고 벌어진 1187년의 십자군과 이슬람군의 공방전 속으로 들어가 보자.

예루살렘 성지를 놓고 벌인 치열한 공방전과
평화공존을 위한 해법

십자군에 참가한 사람들은 국왕과 기사를 비롯하여 농민과 상공업에 종사하는 사람까지 다양했다. 하지만 그들 모두가 순수하게 성지를 회복하겠다는 종교적 목적으로 전쟁에 참가한 것은 아니었다. 겉으로는 신을 위해서였지만 내면적으로는 탐욕적인 동기가 강했다. 영화 〈킹덤 오브 헤븐(Kingdom of Heaven)〉에서도 그렇다. 대장장이로 살고 있는 주인공은 아들을 낳다가 죽은 아내의 목걸이를 훔치고 그녀의 목을 잘라 묻은 배다른 동생을 살해한 후 십자군에 자원한다. 순수한 종교적 동기에서 십자군을 택한 것이 아니라 살해당한 아내를 지옥불에서 구하고 자신의 살해 행위를 용서받기 위함이었다.

〈킹덤 오브 헤븐〉은 영화 〈글래디에이터〉에서 소개한 바 있는 리들리 스콧 감독이 만든 명작이다. 감독은 이슬람군의 위엄을 완벽하게 재현하기 위해 모로코의 국왕 무하메드 6세에게 청을 넣어 1,500명에 이르는 모로코 군인들을 엑스트라로 동원했다고 한다. 영화의 시점은 1099년으로, 십자군에 의해 예루살렘 왕국이 세워지고 85년이 지난 후이다. 주인공인 기사 발리앙이 "저들과 우리는 앞 세대가 저지른 일 때문에 서로 싸우는 것이다"라고 말하듯이, 제1차 십자군은 엄청난 학살과 피의 살육을 저지르고 예루살렘 왕국을 세웠다. 영화는 이슬람 세력이 예루살렘 왕국을 무너트리고 다시 예루살렘을 되찾기까지의 과정을 담고 있다.

영화에는 주인공인 예루살렘 왕국의 기사 발리앙을 비롯하여 실존 인물들이 출현한다. 나병에 걸린 쇠약한 몸으로 예루살렘 왕국을 통치하고 있던 보두엥 4세, 왕위에 오른 어린 아들 보두엥 5세가 숨을 거둔 후 여왕이 된 보두엥 4세의 누이 시빌라, 그녀의 부군이자 공동 왕에 오르는 기 드 뤼지냥, 전쟁의 불씨를 지피는 기사 레이놀드, 예루살렘의 총주교 헤라클리우스, 이슬람군을 이끌고 있는 살라딘까지 당대에 실존했던 인물이다.

영화는 역사적 사실과 픽션 사이를 줄타기하며 관객들을 예루살렘 왕국과 살라딘이 이끄는 이슬람 진영의 팽팽한 갈등 구조 속으로 끌고 간다. 보두엥 4세는 아픈 몸을 이끌고 살라딘과 평화 협상을 맺어 예루살렘 왕국에서 크리스트교, 유대교, 이슬람교 사람들이 공존하고 살수 있도록 하고, 그 조건으로 이슬람 상단을 습격하여 분쟁의 발단을 일으켰던 기사 레이놀드의 목을 벨 것을 약속한다. 하지만 병약한 왕은 뜻을 이루지 못한 채 숨을 거두고, 경제적 이윤을 위해서는 전쟁도 불사한다는 기 드 뤼지냥이 왕에 올라 평화 협정을 깨고 살라딘을 공격했다가 기사 레이놀드와 함께 포로가 되고 만다. 이 전투가 1187년 7월 4일에 있었던 하틴 전투인데, 살라딘은 물 공급을 막아 기선을 제압했고 예루살렘의 국왕인 기 드 뤼지냥은 살려 두었으나 기사 레이놀드의

프랑스의 삽화가 귀스타브 도레가 그린 살라딘의 모습. 살라딘은 티크리트 출신의 쿠르드족 무슬림 장군이자 이집트와 시리아의 술탄으로, 탐욕스러웠던 십자군의 군주들과 비교하여 온건하고 약속을 잘 지키는 자비로운 군주로 평가된다(출처: 위키피디아).

목은 베어 버린다.

이제 예루살렘 왕국의 운명은 이름뿐인 여왕 대신, 지략이 풍부하고 성안 사람들의 신뢰를 받고 있는 기사 발리앙의 두 어깨에 달려 있었다. 이후 영화는 기사 발리앙이 지혜와 슬기를 모두 짜내어 예루살렘성을 지켜내기 위해 필사의 노력을 펼치는 과정을 감동적으로 펼쳐낸다. 성이 완전히 함락되기 전, 기사 발리앙은 성안의 사람들이 잔인하게 살해되는 것을 막기 위해 살라딘과 마지막 협상에 나선다.

성지 회복을 위한 전쟁이라는 십자군 전쟁의 두 얼굴

〈킹덤 오브 헤븐〉은 십자군 전쟁을 배경으로 제작한 영화이다. 하지만 이슬람 측에서는 십자군 전쟁을 '프랑크 전쟁'이라고 한다. 이슬람인들의 눈으로 보면 단순히 프랑크 왕국 군대가 침공해 온 것이기 때문이다. 따라서 이 전쟁을 십자군 전쟁이라고 하지 말고 '서유럽과 이슬람권의 충돌'로 서술하라는 교과서 집필 지침도 있었다.

영화에서 기사 고드프리는 발리앙에게 기사 작위를 물려주며 예루살렘 왕에게 가문의 일원으로 충성을 바치고 양심이 살아 있는 땅, '하늘의 왕국(Kingdom of Heaven)'을 만들라고 한다. 또 적 앞에서 결코 두려워하지 않고 늘 용기 있게 선을 행하며 생명을 걸고 진실만을 말하면서 약자를 보호하고 의를 행하라고 한다. 이것이 바로 서유럽 중세 기사들의 서약이었다. 그러나 그 기사들이 앞장선 십자군 전쟁은 추악한 탐욕의 마음을 드러내는 비열한 전쟁이 되었다.

지난 2000년. 로마 교황청이 과거 2,000년 동안에 로마 교회가 저지른 범죄를 공식적으로 인정하고 반성하는 성명서를 발표했다. 바로 거기에 십자군 전쟁이 들어 있었다. 다음이 그 내용이다.

"1095년 교황 우르바누스 2세의 칙령에 따라 시작된 십자군 원정으로 많은 유대인과 이슬람교도들이 학살당했다. 십자군 원정은 '성지 회복'을 명분으로 내세웠으나 무역로 확보를 노리는 베네치아 상인들의 불순한 동기와 결탁했다. 십자군 원정으로 숱한 이슬람 교도들이 숨졌으며 가톨릭교에 대한 반감만 키워 놓았다. 원정에 나선 십자군은 부녀자들을 포함해 7만 명의 예루살렘인들을 학살하고 약탈했다. 예루살렘 거리는 발목까지 피가 넘쳤다…오늘날 보수적인 신학자들마저도 십자군 원정을 '중세를 통틀어 가장 잔인한 사건 중 하나'로 간주한다"

또 같은 해 7월 15일에는 유럽 23개국 기독교 신자 500명의 속죄 순례단이 4년 동안 5,000킬로미터를 걸어 예루살렘에 도착하여 900년 전 십자군의 만행을 사죄하는 예배를 올렸다. 당시 십자군은 궁전으로 피신한 사람들의 생명을 보장해 주겠다는 약속을 깨고 피난민이 가진 것을 모조리 약탈하고 노예로 팔아 돈을 챙겼다. 만행은 여기서 그치지 않았다. 점령 한 달 만에 양식이 떨어지자 십자군 병사들은 사람을 죽여 톱으로 배를 갈랐다. 당시 사라센(중세 유럽인들이 아랍인을 부르던 명칭) 사람들은 금화를 삼켜 뱃속에 보관한다는 소문이 있었기 때문에 금화를 찾기 위해서였다.

교황이 외치는 **성전**에 저마다의 **목적**으로 **참여**한 **십자군** 전쟁

그렇다면 십자군 전쟁은 어떻게 시작되었을까? 십자군 전쟁과 11세기 서유럽 사회의 변화 양상은 밀접한 관련이 있다. 중세 서유럽 사회는 11세기가 되자 농업 생산력이 발전하면서 인구가 증가했고, 상공업과 도시가 발전하여 원거리 무역인 동방 무역에 대한 관심이 높아졌다. 한편 서유럽과 같은 크리스트교 국가인 비잔티움 제국은 이슬람 국가인 셀주크 튀르크에 황제가 포로로 잡히는 등 위기를 겪고 있었다. 1095년, 로마 교황 우르바누스 2세는 서방 세계가 군사적으로 도움을 줄 것을

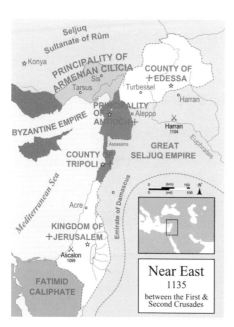

1145년의 지중해 동해안 지도. 붉은 십자로 표시된 곳이 제1차 십자군이 세운 프랑크계 십자군 국가들(예루살렘 왕국, 안티오키아 후령·트리폴리 백령·에데사 백령)이다(출처: 위키피디아).

1장 성지 예루살렘을 놓고 벌인 십자군과 이슬람군의 전쟁

요청하는 비잔티움 제국 황제의 친서를 받았다. 그러자 교황은 즉각 1095년 11월에 클레르몽 공의회를 개최하여 예루살렘을 회복하는 전쟁에 참가해 줄 것을 호소하며 "이슬람에 대한 싸움은 성전이며, 이 전쟁에서 전사하는 자는 모두 천국에서 그 보상을 받을 것"이라고 강조했다.

이에 사람들은 종교적인 열정과 사명감에 들떠 십자군에 참여했다. 하지만 십자군에 참여하는 사람들은 각기 다른 세속적인 동기를 가지고 있었다. 교황은 로마 가톨릭이 아닌 그리스 정교를 믿는 비잔티움 제국 지역의 동방 교회를 압박하여 하나로 합칠 좋은 기회라고 생각했다. 국왕들과 제후들은 부족한 영지를 확보할 기회로 삼고자 했고, 상인들은 동방 무역을 확대하는 기회로 생각했다. 또 농민들은 부채를 탕감하고, 동생을 죽인 죄를 사하기 위해 십자군에 참여한 영화의 주인공 발리앙처럼 죄를 사하여 받겠다는 생각으로 참여했다. 제1차 십자군은 1096년에 콘스탄티노플에서 화려한 발대식을 갖고 출발하여, 1098년에 안티오크 요새를 점령하고, 1099년 7월 15일에 마침내 예루살렘을 함락시켰다. 그러나 죄도 없는 어린이, 여성, 노인들을 포함한 이슬람교도와 유대인을 무참히 학살했다.

제1차 십자군은 점령한 지역에 예루살렘 왕국, 안티오키아 후령(侯領)·트리폴리 백령(伯領)·에데사 백령 등 4개국을 세웠다. 각 국가의 방위는 템플 기사단, 요한 기사단, 독일 기사단 등이 맡았다. 뒤이어 제

2차 십자군 원정은 에데사 백령이 이슬람군에 의해 함락되자 신성로마제국의 황제인 콘라트 3세와 프랑스의 루이 7세가 주축이 되어 일어났다. 그러나 제2차 십자군은 이집트의 아이유브 왕조를 창건한 살라딘에 의해 치욕스런 패배를 당했다. 여기서 1187년에 살라딘이 예루살렘을 되찾는 내용을 영화에서 다룬 것이다.

처음 영화 〈킹덤 오브 헤븐〉이 공개되었을 때 미국 뉴욕 타임즈는 살라딘이 기사 발리앙과 성공적인 평화 협상을 하고 예루살렘성에 들어가서 쓰러진 십자가를 바로 세우는 장면에 격찬을 보냈다. 서로 다른 두 세계의 평화로운 공존은 결코 어려운 것이 아님을 십자가 하나로 보여 주었기 때문이다. 야만스러운 폭도 같았던 십자군과 비교해 승자인 살라딘의 행동은 매우 인간적이었다.

영국의 사자왕 리처드 1세가 참여했던 제3차 십자군

영화는 제3차 십자군(1190~1192)이 시작되는 장면으로 끝난다. 예루살렘 함락에 충격을 받은 교황 그레고리우스 8세가 소집한 이 십자군은 가장 규모가 컸다. 이때 '로빈후드'를 통해 잘 알려진 영국의 사자왕 리처드 1세가 프랑스의 필립 2세, 독일의 프리드리히 1세와 함께 참가했다. 리처드 1세는 살라딘과 접전 끝에 1192년에 3년간의 휴전 협정을 맺었다. 협정 내용은 십자군이 아

1장 성지 예루살렘을 놓고 벌인 십자군과 이슬람군의 전쟁

크레와 좁은 해안 지역을 계속 보유하며, 크리스트교 순례자들의 성지 순례를 자유롭게 보장한다는 내용이었다. 십자군은 제8차까지 이어져 프랑스의 루이 9세가 중심이 되어 이집트와 튀니지를 공격했으나 결과는 역시 실패였다.

11세기 말에 시작되어 200여 년간 계속된 십자군 전쟁은 끝이 났지만, 유럽에서는 십자군 전쟁의 영향으로 교황권이 후퇴하고 국왕을 중심으로 중앙집권화가 이루어지게 되었다. 중장 갑옷을 입고 현란한 검술을 자랑했던 중세 기사들은 이슬람군이 쏘아 대는 화약 무기 앞에서 존립 자체가 흔들리게 되었다. 또 영주들이 소유하던 장원은 붕괴되고, 동방 무역이 활발해지면서 상공 시민을 중심으로 중세 도시가 활기를 띠게 되었다.

| 역사 지식 넓히기 🎥 **가장 치욕적이었던 제4차 십자군**

십자군 전쟁 중 가장 치욕적인 전쟁은 제4차 십자군 원정(1202~1204)이다. 십자군이 베네치아에서 들여온 배와 군사 장비 대금을 지불할 수 없자, 같은 크리스트교 국가인 헝가리 왕국의 도시이자 한때 베네치아의 공화국 영토였던 자라를 공격한다. 당시 베네치아에는 해전용 소형 갤리선과 수송

물자를 운송하는 대형 갤리선을 건조하고 수리하는 대형 조병창이 있었고, 여기에 종사하는 인원만 2,000명이었다. 제4차 십자군은 4,500명의 기사를 포함한 약 3만 3,500명으로 구성할 예정이었고, 베네치아는 이들의 수송을 위해 도시의 총력을 기울였지만 비용을 받지 못했다. 그러자 베네치아 측이 십자군에 자라를 탈환해 주면 모든 빚을 탕감해 주겠다는 달콤한 제안을 한 것이다.

한편 이 소식을 들은 교황 인노첸시오 3세는 대노하여 십자군 모두를 파문했다. 그러자 파문이 된 이들은 더 이상 거칠 것이 없었다. 이번에는 무능하여 권좌에서 쫓겨난 비잔티움 제국의 이삭 2세 안젤로스 측의 제안으로 비잔티움 제국의 수도인 콘스탄티노폴리스를 공격했다. 제4차 십자군은 1204년 4월 13일에 콘스탄티노폴리스를 함락시켜 무참히 약탈하고 수많은 성유물과 보물을 노략질했다. 그들은 심지어 한 창녀를 성소피아 대성당의 총주교 좌석에 앉히는 등 신성모독도 서슴지 않았다. 십자군은 콘스탄티노폴리스에 플랑드르의 백작 보두엥을 황제로 추대한 후 라틴 제국을 세웠고, 1261년에 니케아 제국의 미카엘 8세에 의해 무너질 때까지 60년 이상 계속되었다.

〈부활(Risen)〉

2016

#로마 제국의 크리스트교 박해

2장

예수의 부활을 향한
로마 호민관의 추적기

예수 처형의 임무를 맡은 로마 호민관 클라비우스가
십자가에 못 박힌 예수를 바라보고 있다.

독일의 철학자 헤겔은 "주인의 제국인 로마 제국이 노예의 종교인 크리스트교에 굴복한 사건이야말로 세계사의 가장 큰 미스터리다"라는 말을 남겼다. 아시아, 아프리카, 유럽의 3대륙을 지배하는 대제국이었던 로마 제국이 자신들이 그토록 박해하던 크리스트교를 국교로 삼고, 결국에는 크리스트교가 로마 제국을 바탕으로 세계 종교로 나아간 것을 나타낸 말이다.

그 미스터리는 로마의 속주인 유대에서 시작되었다. 로마 티베리우스 황제 때 유대를 다스리는 제5대 총독으로 부임한 본디오 빌라도(26~36년경)는 유대의 왕이자 구원자인 메시아로서 유대인들의 새로운 희망이 된 예수 그리스도에게 반역죄를 물어 사형을 언도하고, 당시의 사형 방식대로 십자가에 묶어 못을 박아 처형했다. 영화 속에서 처형 책임자인 로마군 호민관 클라비우스가 지켜본 처형의 모습은 어떠했을까? 예수를 처형한 후 클라비우스는 예수가 부활한다는 소문을 잠재우기 위해 어떤 조치를 했을까? 부활의 실체를 직접 눈으로 확인한 후 전쟁의 신을 신봉하던 클라비우스에게는 어떤 변화가 일어났을까? 예수의 처형에서 부활하는 날까지의 3일 동안 일어난 일과 부활후 예수의 행적, 예수와 제자들을 조사하다가 자신도 모르게 동화된 로마군 호민관의 행로를 따라가 보자.

공개 처형된 예수가 다시 살아났다는 증거

기원전 33년, 예루살렘의 골고다 언덕에는 피비린내가 가득했다. 빌라도 총독에 의해 처형 책임자로 임명된 군 호민관 클라비우스가 말을 타고 그곳에 등장했다. 그는 조금 전 로마 제국에 반기를 든 유대인들을 잔인하게 학살하고 돌아온 상태였다. 클라비우스의 온몸에는 전투 현장에서 입은 상처와 피가 잔뜩 묻어 있다. 그가 처형장에 도착했을 때 예수 그리스도는 머리에 가시관을 쓰고 양손에 못이 박혀 피범벅이 된 처참한 모습으로 십자가에 매달린 지 6시간이 지난 상태였다.

영화 〈부활(Risen)〉은 케빈 레이놀즈 감독이 세계 역대 종교 영화 흥행 1위에 빛나는 〈패션 오브 크라이스트〉의 제작진과 손을 잡고 만든 수작이다. 감독은 로마의 호민관이 처형 후에 사라진 예수의 시신을 추적해 나가는 내용을 중심으로 완성도 높은 스릴러 영화를 만들어 냈다. 당시 예수가 당한 십자가형은 고대 로마 제국의 법정에서 내려진 최고형이었다. 사형을 언도받은 죄수들은 가시 또는 쇳조각이 달린 날카로운 채찍에 맞아 온몸이 찢어지는 고통을 당한 뒤, 자신이 처형당할 십자가를 직접 짊어지고 사형장까지 걸어가야 했다. 그 뒤에는 십자가에 묶여 손목을 관통할 정도의 대못이 사형수의 손목과 발에 박혔다. 못 박힌 곳에서는 조금씩 피가 새어 나와 상처가 곪고 감염되었는데, 이후 죄수는 십자가에 매달려 의식이 사라질 때까지 못 박힌 곳의 끔찍한 고통을 고스란히 느끼면서 죽어 갔다.

성서는 인류가 남긴 가장 오래된 역사서 중 하나이다. 성서에는 예수 그리스도의 처형 순간이 그대로 기록되어 있다. 예수 그리스도는 40번의 채찍질을 당했으며 그 모습은 차마 눈으로 볼 수 없을 정도로 처참한 몰골이었다고 한다.

"무리가 그를 보고 기막혀 했었지. 그의 몰골은 망가져 사람이라고 할 수가 없었고, 인간의 모습은 찾아 볼 수가 없었다. -이사야 52장 14절"

처형장을 감독하던 클라비우스 눈에 비친 예수의 모습이 바로 그러했다. 가시 면류관을 쓴 예수의 십자가 위에는 "나사렛 예수, 유대인의 왕"이라는 팻말이 달려 있었다. 클라비우스는 처형장에 종사하는 군인에게 최종적으로 예수의 옆구리를 창으로 찌르게 한다. 곧이어 클라비우스는 빌라도의 명으로 가족 묘에 묻힌 예수의 무덤 입구를 거대한 돌로 막은 후 굵은 밧줄로 칭칭 동여매고, 그 위에 로마 제국의 봉인을 찍은 후 묘를 지키는 두 명의 보초까지 세워 놓았다.

그런데 동굴에서 3일 만에 예수의 시신이 사라졌다. 빌라도 총독은 초조했다. 곧 티베리우스 황제(재위 14~37, 아우구스투스를 이은 로마 제국제2대 황제)가 유대를 방문할 예정이고 황제가 원하는 것은 평화와 질서이기 때문에, 유대인의 왕이라는 예수의 부활을 믿고 일어날 수 있는 유대인의 봉기를 원천 봉쇄해야만 했다. 하지만 뜻대로 되지 않았고, 예수를 쫓던 클라비우스는 제자들과 부활의 기쁨을 나누고 있는 그를 직접 목격한다. 예수는 제자들에게 창에 찔렸던 상처며, 못이 박혔던 자국을 직접 손으로 만져 보게 한다. 이에 큰 충격을 받은 클라비우스는 부활한 예수의 실체가 무엇인지를 확인하기 위해 예수와 그의 제자들을 따라다니기로 한다. 그 과정에서 예수가 나병 환자를 치유하는 기적을 목격하고 예수의 제자 베드로와 인간적인 우정을 나누게 되면서 마침내 그는 갈릴리에서 예수의 승천과 복음을 전하라는 메시지를 제자들과 함께 전해 듣고 새로운 삶을 선택한다.

크리스트교가 박해를 받은 까닭

영화에서 클라비우스의 신분은 군대 호민관이다. 이 호민관은 역사 교과서에 나오는 호민관과는 전혀 다르다. 교과서 속 호민관은 로마 공화정 때 로마 시민을 대변하는 평민회의 대표로서 귀족으로 구성된 원로원과 싸우고 원로원의 결정에 거부권도 행사할 수 있었다. 반면 10군단에 속한 클라우디스의 직함인 호민관은 로마 제국에 반기를 드는 세력을 진압하여 속주의 질서와 평화를 책임지는 군 고위 장교였기 때문에, 사람들을 이끄는 예수를 잡아들이려 한 것이다. 또한 예수의 영향력을 끌어내리기 위해 형식적인 율법주의에 얽매여 있는 유대교 사제들로 구성된 최고 정치 기구인 '산헤드린(Sanhedrin)'은 그를 빌라도 총독에게 고발하기도 했다.

하지만 이러한 억압에도 불구하고 크리스트교는 예수의 부활을 믿는 제자들에 의해 로마 제국에 깊숙이 전파되기 시작했다. 수제자 베드로와 바울로 등은 예수의 복음과 사도들의 서한을 묶은 신약 성서를 편찬하고, "원수를 사랑"하며, "사랑은 오래 참고 온유"하니, 기다리면 "하느님 앞에 만민의 평등"이 이루어진다고 설교했다. 사랑과 평등을 강조하는 설교에 로마의 노예들과 하층민들이 너도 나도 믿게 되어 하루가 다르게 신도가 늘어났다.

당연히 로마 황제들은 황제 숭배를 거부하는 크리스트교를 박해하기 시작했다. 크리스트교 신자들은 우상을 숭배하지 말라는 계율을 십계명의 첫 번째 계명으로 철저히 지키기 위해 신격화된 로마 황제를 숭배하는 것을 거부했기 때문이다. 로마 황제 중에서 가장 먼저 크리스트교에 대한 박해를 자행한 황제는 폭군으로 유명한 제5대 황제 네로(재위 54~68)이다. 네로 황제가 크리스트교를 박해하게 된 결정적인 계기는 64년에 일어난 로마 대화재였다. 원인도 모르게 일어난 로마 대화재는 6일 밤낮을 꺼지지 않고 로마의 4분의 1을 불바다로 만들었는데, 그는 흉흉한 민심의 방향을 돌리기 위해 그리스도인들을 방화자

2장 예수의 부활을 향한 로마 호민관의 추적기

로 몰아서 대대적인 박해를 가했다. 예수 그리스도의 수제자인 사도 베드로와 사도 바울로가 순교한 것도 이때이다.

참혹했던 3세기의
크리스트교 박해

크리스트교에 대한 지속적이고 대대적인 박해는 3세기에 이루어졌다. 3세기는 고대 로마 세계가 대내외적으로 위기를 겪으면서 정치, 경제, 사회적으로 혼란스러웠던 시기였다. 로마 제국이 쇠퇴하자 이 모든 것은 로마의 신들에 대한 예배를 경시하고 크리스트교를 믿었기 때문이라고 생각하는 사람들이 나타났고, 황제들은 좀 더 조직적이고 공식적으로 대대적인 박해를 시작했다. 대표적인 사람이 데키우스 황제(재위 249~251)와 발레리아누스 황제(재위 253~260)이다. 데키우스 황제는 250년에 포고문을 발표하여 전 시민에게 로마의 신들에 대한 제사를 명했으며, 이를 거부하는 그리스도인을 무자비하게 박해했다. 하지만 그리스도인들의 강한 결집력 때문에 박해는 실패하고 만다. 그의 뒤를 이어 발레리아누스 황제가 257~258년 동안 두 차례에 걸쳐 잔인한 박해를 가했다. 그러다가 발레리아누스 황제의 아들 갈리에누스(재위 253~268) 때 신앙의 자유를 인정하면서 박해는 잠시 소강상태를 보이는 듯 했다.

3세기의 제국의 위기를 수습하여 로마 제국에 다시 한 번 안정을 가져온 황제가 디오클레티아누스(재위 284~305)이다. 이탈리아의 천민 출신으로 황제가 된 그는 제국 분할 통치의 기초를 세운 황제로 역사에 이름을 남겼다. 그렇지만 박해에 있어서는 앞선 황제들이 한 일을 그대로 이어 갔다. 303년에 대대적이고 장기적인 크리스트교 대 박해를 시행한 것이다. 이 박해로 그리스도인들은 모든 집회가 금지되고 교회가 파괴되었으며 끔찍한 고문에 시달려야 했다. 크리스트교 박해 기간에 어린이부터 여성, 노인에 이르기까지 굶주린 사자들 앞에 먹이로 던져졌다.

그러나 그리스도인들은 박해를 받으면서도 이에 굴하지 않고 기도와 찬송을 멈추지 않았다. 심지어 로마의 지하 공동묘지인 카타콤(catacomb)에 박해를 피해 숨어 들어가면서까지 자신들의 종교를 포기하지 않았다. 오히려 국가가 박해를 하면 할수록 크리스트교는 무서운 힘으로 하층민에게 전파되었다. 마침내 로마 황제들은 국가 권력으로는 도저히 크리스트교를 막을 수 없다는 사실을 깨닫고는 차츰 박해가 수그러들기 시작했다.

그러다가 콘스탄티누스 1세의 밀라노 칙령(313)과 니케아 종교회의(325)를 거쳐 로마 제국 전체에 예수 그리스도에 대한 신격화와 숭배가 이루어졌다. 이에 더해 테오도시우스 1세(재위 379~395)는 고대 로마의 전통 종교를 폐지하는 요청을 원로원에 제기하여 만장일치로 통과시킨 후(388), 4년 후에 드디어 크리스트교를 로마의 국교로 선포한다

2장 예수의 부활을 향한 로마 호민관의 추적기

로마 칼릭스투스의 카타콤 내부(출처: 위키피디아)

(392). 이후 크리스트교는 세계 제국인 로마 제국을 바탕으로 전 세계
에 복음을 전하며 인류 구원을 이끄는 대표적인 종교가 되어 오늘날에
이르렀다.

콘스탄티누스 대제가 크리스트교 신자가 된 까닭은?

콘스탄티누스는 서로마 황제 콘스탄티우스의 아들이다. 콘스탄티우스가 브리타니아 원정 중에 병으로 숨을 거둔 이후 황제 자리를 놓고 내란이 일어났다. 디오클레티아누스 황제에 의해 카이사르에 임명되었던 막시미아누스의 아들 막센티우스가 콘스탄티누스와 힘겨루기에 나선 것이다. 두 사람은 황제 자리를 차지하기 위해 치열한 싸움을 벌였다. 6년이나 계속된 싸움은 막바지에 다다랐고, 312년에 콘스탄티누스는 테베레강의 밀비우스 다리에서 막센티우스와 결전을 벌이게 된다.

바로 전날, 결전을 위해 진군하던 콘스탄티누스는 하늘에서 거대한 십자가의 표지와 "이 표지로 승리하라"라는 메시지를 보았다. 또 그날 꿈에 예수 그리스도가 나타나 방패에 그리스도 표지를 새기고 진군하라고 말했다. 콘스탄티누스는 지푸라기라도 잡는 심정으로 그리스도를 의미하는 '라바룸(labarum)'의 앞 두 글자를 방패에 새기고 진군했는데, 이 덕분인지 막센티우스를 격파할 수 있었다. 마침내 콘스탄티누스 1세로 즉위한 그는 313년에 크리스트교를 공인하는 밀라노 칙령을 발표했다. 또 교회에 대한 각종 지원을 아끼지 않았으며 태양신을 믿던 자신 역시 몸소 개종하여 크리스트교 의식에 직접 참여했다. 깊은 신앙심을 가졌던 그의 시대에 라테란의 성 요한 대성당과 로마의 성 베드로 대성당 등 큰 교회당들이 세워졌다.

〈티벳에서의 7년(Seven Years In Tibet)〉
1997

#티베트 불교 #달라이 라마 #중국-티베트 분쟁 #티베트 독립 투쟁

한 이방인과 달라이 라마의
감동적인 우정

🌐 세계사 연표	⚡ 그때 우리는
1940년 티베트, 제14대 달라이 라마 즉위	1940년 일제 창씨개명 실시
1949년 중화인민공화국 수립	1945년 38선을 기준으로 남북 분단
1951년 중국, 티베트를 합병	1948년 대한민국 정부 수립
1959년 제14대 달라이라마 인도에 망명 정부 수립	1950년 6·25 전쟁(~1953) 발발

가정교사를 넘어
절친한 친구 사이 같았던 달라이 라마와
오스트리아 산악인 하러

중국과 인도 사이에 위치한 티베트는 '세계의 지붕'이라 부르는 해발 4,000~5,000미터의 고원에 자리 잡고 있다. 숨쉬기도 힘겨운 이곳에서 인간의 한계를 극복하고 평화롭게 사는 이들이 티베트인들이다. 티베트인들은 관음보살의 화신이며 대대로 환생하여 이어진다는 달라이 라마를 정신적·영적 지주로 삼는 티베트 불교를 믿는다. 제13대 달라이 라마에 의해 독립국으로 선포되었던 티베트는 1951년 중국에 무력으로 강제 병합되었다. 티베트가 중국의 영토로 선포될 당시 티베트 주권의 상징은 제13대 달라이 라마의 환생인 제14대 달라이 라마, 텐진 갸초였다. 그는 13세부터 오스트리아 출신의 산악인 하인리히 하러에게 서양 문물에 대한 지식을 배웠다. 외국인은 아무도 들어갈 수 없었던 티베트에 어떻게 오스트리아인이 입국하여 달라이 라마를 가르치게 되었을까? 현재 티베트가 중국의 영토라면, 티베트인들의 영적 지도자인 제14대 달라이 라마는 어디에서 무엇을 하고 있을까? 문명의 벽을 넘어 우정을 쌓은 달라이 라마가 하러에게 준 작별의 선물은 무엇이었을까? 아름다운 티베트 고원의 평화가 무력으로 짓밟힌 비극의 티베트 현대사를 영화를 통해 살펴보자.

3장 한 이방인과 달라이 라마의 감동적인 우정

13살의 **달라이 라마**와 26살의 **서양인**이
우정을 쌓으며 **친구**가 되는 **과정**

금발 머리의 30대 서양인과 티베트인들의 영적 지도자이지만 나이는 10대인 달라이 라마가 서로 이마를 맞대고 있다. 이들은 바로 어제까지 서양의 지식을 전달해 주는 가정교사와 학생이면서 절친한 친구 사이였지만, 티베트가 중국에 무력으로 병합되면서 외국인인 하러는 티베트를 떠나야 했다. 어린 달라이 라마 텐진 갸초가 자신에게 서양의 모든 지식을 전수해 준 고마운 선생님이자 친구이며 아버지 같은 가정교사 하러를 위해 축성하며 말한다. "어딜 가더라도 행복이 따르며 무사히 고국으로 가 새로운 마음으로 가족과 결합하세요"

배낭을 맨 채 길을 나서는 하러 뒤로 달라이 라마가 티베트의 수도 라싸에 자리 잡은 거대한 포탈라궁 위에 홀로 서서 그를 배웅한다.

〈티벳에서의 7년(Seven Years In Tibet)〉은 프랑스의 명감독 장-자크 아노 감독이 배우 브래드 피트와 손을 잡고 만든 영화로, 하러가 티베트에서 머물렀던 7년의 생활과 비극의 티베트 현대사를 생생히 담아냈다. 이 영화가 상영된 후 감독과 브래드 피트는 평생 중국 입국이 금지되었다. 영화 속에 티베트에 대한 중국의 폭력적인 강제 병합 과정이 고스란히 담겨 있기 때문이다. 다행스럽게도 냉전 시대가 끝나고 '데탕트(Détente, 휴식을 뜻하는 불어. '긴장 완화'를 말함)' 물결이 일어나면서 그들에 대한 입국 금지 조치는 철회되었다. 장-자크 아노 감독은 2012년 상하이 국제 영화제 심사위원장에 초대되어 따뜻한 환영을 받기도 했다.

영화는 가장 좋은 옷을 갖춰 입은 티베트 사람들이 저마다 선물을 들고 이제 막 자리에 오른 제14대 달라이 라마 쿤둔에게 선물을 바치는 장면으로 시작한다. 어린이 쿤둔이 가장 흥미롭게 생각한 선물은 상자를 열면 티베트 국기가 보이고 음악이 흘러나오는 작은 오르간이었다. 그 오르간은 영화의 끝 부분에서 하러가 티베트를 떠날 때 쿤둔이 행복과 가족과의 만남을 축원하며 그에게 주는 선물이 된다.

제2차 세계 대전이 발발한 1939년, 26세의 저명한 산악인 하인리히 하러는 독일 원정대의 일원으로 세계에서 9번째로 높은 히말라야의 산 낭가파르바트(해발 8,125미터) 원정에 나선다. 그러나 1939년 9월 1일에 발생한 독일의 폴란드 침공으로 제2차 세계 대전이 발발했고, 영국령인 네팔의 베이스캠프에 있던 팀원들은 '영국령에 있는 적국인'으로서 전쟁 포로로 체포되어 포로수용소로 보내진다. 포로수용소에서 하러는 1939년 11월부터 1942년 9월까지 5번에 걸친 시도 끝에 탈출에 성공했는데, 안타깝게도 리더 페터와 단 둘만 생존하여 티베트로 향한다. 그들은 거의 굶어 죽기 직전에 오체투지를 하며 티베트 수도이자 신성한 도시 라싸로 들어가는 신도들로 위장하여 티베트에 입성한다. 이들은 서양인으로서 서양 문명의 지식을 소유하고 있고 순발력과 재치, 탁월한 능력이 있음을 인정받아 티베트 정부를 위해 일하게 된다. 하러는 궁에 영화관을 짓겠다는 어린 쿤둔의 열망을 실현시켜 줄 인물로 발탁되어 쿤둔을 위해 일하게 된다. 하러는 열정적으로 달라이 라마를 위해 티베트 바깥의 세계에 대한 모든 지식을 가르친다. 그러는 사이에 두 사람 사이는 아버지와 아들, 친구 같이 우정과 속마음을 나누는 사이가 된다.

한편 1949년에 국민당과의 내전을 승리로 장식하고 중국 본토를 차지하게 된 중국은 티베트를 합병할 계획을 세우며 무차별한 공격을 퍼붓기 시작한다. 티베트의 군사는 8천 명에 가진 무기라고는 대포 50문, 낡아 빠진 총과 투창뿐인데 중국 인민군은 무려 백만 명에 달해 티베트가 도저히 이길 수가 없었다. 상황은 점점 티베트에게 불리해졌다.

영화에는 중국 인민군들의 만행이 곳곳에 담겨 있다. 중국의 마오이스트 장군은 처음 라싸의 포탈라궁에 들어오면서 티베트 승려들이 정성을 다해 만들던 우주와 평화를 상징하는 그림인 만다라를 군화로 밟고 지나감으로써 티베트의 전통과 종교를 무시했다. 또 도발을 일삼는 장군이 쿤둔보다 아래에 앉을 수 없다고 우기기도 한다. 그럼에도 어린 쿤둔은 불좌에서 내려와 장군과의 회담을 가지며 평화를 위해 노력했다. 하러는 국왕 즉위식을 앞두고 있는 쿤둔에게 티베트를 떠나야 한다고 설득하지만 쿤둔은 이렇게 말한다. "내가 도망쳐 버리면 어떻게 국민을 돕죠? 나는 그런 지도자가 될 수 없어요. 국민을 섬기는 일이 자유에 도달하는 길입니다"

영화는 마지막으로 자막을 통해 중국이 티베트에 저지른 파괴와 살인을 고발한다. 중국이 티베트를 점령하면서 6천여 티베트의 사원이 파괴되었고 백만 명의 티베트인이 목숨을 잃었으며, 쿤둔은 1959년에 인도로 망명하여 평화를 위해 노력한 공로로 1989년 노벨 평화상을 수상했고, 현재도 하러와 좋은 우정을 유지하고 있다는 내용이다.

달라이 라마가 이끌어가는 티베트 불교

세계에서 가장 높은 곳에 위치한 티베트는 오염되지 않은 깨끗한 공기와 아름답게 펼쳐지는 초원의 자연 환경 속에서 약 2만여 년 전부터 사람이 살기 시작했다. 티베트 최초의 국가는 전설 속의 상웅국이다. 이 나라는 기원전 1500여 년부터 티베트 역사상 최초의 통일 국가인 토번의 국왕 송첸감포(松贊干布, 581~649)에게 644년 멸망을 당할 때까지 약 2천여 년 동안 이어졌다. 송첸감포는 수도를 라싸로 정했고 강력한 세계 제국이었던 당나라까지 위협하여, 당태종은 송첸감포를 달래기 위해 황족인 문성공주를 후궁으로 보내기도 했다. 티베트인들이 현재까지도 마음을 다해 신성하게 받드는 불교 사원인 조캉 사원은 네팔 출신인 송첸감포의 왕비 브리쿠티가 세운 것이다.

3장 한 이방인과 달라이 라마의 감동적인 우정

티베트에 불교가 전해진 것은 네팔의 왕비와 문성공주에 의해서이다. 티베트에 들어온 불교는 티베트에서 유행하던 원시 종교 본(Bon)교와 융합된 후 8세기 중엽 인도에서 전해진 밀교의 영향을 받아 독특한 티베트 불교로 발전했다. 밀교란 부처가 깨우친 진리를 은밀하게 전한다는 불교의 한 종파이다. 토번은 780~790년까지 당이 안사의 난(755)으로 장안이 함락되는 등 혼란한 시점을 틈타 오늘날의 아프가니스탄, 방글라데시, 부탄, 버마, 중국 일부, 인도 일부, 네팔, 파키스탄, 카자흐스탄, 키르기스스탄, 타지키스탄에 이르는 최대 영역을 차지했다. 그 이후 분열되었던 티베트는 칭키즈 칸과 그 후예들의 세계 정복 시대인 13~14세기에 원의 간접 지배를 받게 되는데, 티베트 불교가 원의 국교가 되었기 때문에 원이 흥하는 동안 티베트인의 지위는 한족보다 높았다. 중국 통일 왕조 아래에서 중국의 영향권 아래 있던 티베트는 제5대 달라이 라마 시기인 1637년부터 1642년까지 티베트 전 지역을 통합했고 앞서 언급한 포탈라궁도 세웠다. 제5대 달라이 라마 이후 후계자를 놓고 내분이 일어나자 강희제가 개입하여 제5대 달라이 라마 계승자를 정통으로 인정했다.

1912년에 청이 멸망하고 중화민국이 탄생하자 제13대 달라이 라마는 티베트의 중화민국으로부터 완전한 독립을 선언한다. 그는 1918년과 1930년에 두 차례나 중국군을 격퇴하여 독립국의 위상을 세웠다. 1940년에 중화민국은 영화 첫 장면에 나오는 제14대 달라이 라마 즉위식에 사절단을 파견한 이후 철수시키지 않고 수도인 라싸에 '중화민국 행정원 몽장위원회 주 티베트 대표부'를 유지시켰다. 영화에서 티베트의 반역자가 되는 가왕 지그메를 은근히 중국 쪽으로 회유한 것이 바로 이 몽장위원회 대표부이다. 하러가 티베트에 머무르고 있던 제2차 세계 대전 동안 티베트는 연합국의 일원이 되었다.

중국의 야심에 짓밟힌
티베트의 수난

1949년, 중국 공산당이 국공 내전에서 승리하여 중화인민공화국을 세우자 마오쩌둥은 중국의 옛 영토를 회복하겠다고 선언한다. 우리나라가 6.25 전쟁을 겪고 있던 바로 그 해인 1950년 10월에 중국 인민 해방군의 무차별한 침공이 시작되어 티베트의 관문인 창두(昌都) 지역을 무력 정복했다. 100만 대 8천 명이라니! 티베트의 군사력으로는 도저히 중국을 이길 수 없었다. 영화에서 하러 역시 두 나라의 군대 숫자를 되뇌이며 좌절한다. 쿤둔은 티베트의 문제를 UN에 호소했으나 받아들여지지 않았고 결국 티베트에 대한 중국의 종주권과 티베트의 자치권을 인정하는 '평화 해방 방법에 관한 협의 조약' 17개조를 중국의 협박으로 강제 체결했다. 티베트인들이 공경하는 영적 정신적 지도자가 하루아침에 시짱 지방 정부의 주석이 되고 만 것이다. 이후 티베트의 끔찍한 수난이 이어졌다.

그렇다면 중국은 왜 티베트를 자국의 영토로 합병하기 위해 무력까지 동원하는 초강수를 두었을까? 티베트 고원은 중국과 인도의 국경 지역이다. 만약 두 나라 사이에 전쟁이 일어나 이 지역을 인도가 차지한 후 중국에 대한 군사 계획을 실행한다면 중국은 큰 위기에 빠지게 된다. 또한 티베트 고원은 중국의 젖줄인 황허와 창장강을 비롯한 아시아 대륙의 큰 강이 발원하는 곳이다. 티베트 고원의 물길을 누군가 인위적으로 막으면 중국은 농사를 지을 수도, 공장을 돌릴 수도 없으며 식수 자체를 구할 수 없는 막대한 타격을 입는다. 그래서 중국은 세계 여론의 비판에도 개의치 않고 티베트에 대한 지배를 오늘날까지 공고히 유지하고 있는 것이다.

1959년에 중국이 쿤둔에게 수행원 없이 혼자서 중국 무용단 공연을 보러 오라고 요구하며 그의 생명을 위협하자, 수만 명의 티베트인들이 이에 항의하여 격렬한 시위를 일으켰다. 티베트 여성 수천 명이 쿤둔을 보호하기 위해 포탈라궁을 여러 겹으로 에워쌌다. 이 시위에서 중국은 약 8만 7천여 명의 티베트인들을 학살했고 6,000여 곳의 티베트 불교 사원을 파괴했다. 중국의 폭력은 이에 그치지 않았다. 1960년대 문화대혁명 시기에는 3,700개 티베트 사원을 단 13개만 남기고 모두 파괴하기도 했다. 1959년에 쿤둔은 군인의 모습으로 변장하고 인도 네루 수상의 동의 하에 인도로 망명했다. 쿤둔은 인도 동북부 히말라야 기슭의 다람살라에 '작은 라싸'로 불리는 티베트 망명 정부를 세웠다. 쿤둔은 이곳에서 티베트 문화의 정체성을 지키고 비폭력적인 독립 운동을 펼쳐 나가 1959년부터 3차례에 걸친 UN 총회에서 티베트의 인권과 자치권을 보장하고 존중하라는 대 중국 결의안을 이끌어 냈다. 쿤둔은 티베트의 무장 게릴라 조직의 무력 투쟁에 해산 명령을 내렸으며 지구촌의 평화를 위한 비폭력 노선을 일관되게 이끌었다. 그 결과, 1989년에는 노벨 평화상을 수상했다.

중국은 티베트를 장족(藏族)으로 부르며 시짱 자치구로 편입했지만 티베트의 독립 투쟁은 멈추지 않았다. 베이징 하계올림픽 개막을 앞둔 2008년 3월 10일, 이날은 티베트 독립운동 49주년이었다. 티베트 승려 600여 명은 중국 정부의 통치 정책과 종교 탄압에 항거하여 시위를 했는데, 중국 경찰과 충돌하면서 극렬 시위가 이어져 2009년 2월부터 2012년 11월 21일까지 78명의 티베트인들이 티베트 독립을 위해 분신을 했다. 이러한 독립 요구를 무마시키기 위해 중국 정부는 티베트에 철도를 설치하고 대대적으로 한족을 이주시켜 고유의 전통과 민족정신을 와해시켰다. 젊은 티베트인들을 회유하기 위해 대규모 투자를 퍼부어 전력을 보급하고 도로와 공항, 학교를 세웠으며, 세계 문화유산이 된 포탈라궁에 대한 대대적인 정비 사업을 벌이기도 했다.

실존 인물 **하러**와
쿤둔의 실제 **이야기**

한편 실존 인물인 하러는 영화 〈티
벳에서의 7년〉의 원작 이외에 《부탄을 생각하며》 등의 소설과 자서전
을 쓰면서 고향인 오스트리아의 휘텐베르크에 '티베트 박물관'을 세웠
다. 또 은둔 속의 고원 지역이라 정보가 거의 없던 티베트를 소개하는
40여 편의 다큐멘터리를 제작했고, 아프리카와 아시아의 인권 문제에
깊은 관심을 가지고 인권 운동가로 활동하며 여생을 살았다. 늘 하러
와의 우정을 소중하게 생각하던 쿤둔은 하러의 80번째 생일인 1992년
과 90번째 생일인 2002년에 하러의 고향인 휘텐베르크를 깜짝 방문
하여 깊은 감동을 주었다. 하러는 지난 2006년 93세에 노환으로 세상을
떠났다. 80대의 고령인 쿤둔은 2011년 3월 티베트 망명 정부 수반 퇴임
을 선언했고, 현재 티베트 망명 정권은 새롭게 선출된 하버드 법대 출신
의 롭상 상가이가 이끌고 있다. 내각 수반에서 물러난 지 10여 년이 지났
지만 쿤둔은 건재하다. 그는 홈페이지(https://www.dalailama.com)를 통
해 자신의 건강을 기원하는 티베트인들의 소망에 고마움을 나타내기
도 하고, 티베트 불교와 전통 문화의 소중함을 전하는 법어를 통해 세
계 각처의 티베트인들을 격려하며 독립을 위한 구심점 역할을 수행하
고 있다.

역사지식 넓히기 🎥 달라이 라마, 정말 전생을 기억할까?

티베트 불교를 이끌어 가는 고승 중의 고승을 '라마'라고 하는데 '라마'는 산스크리트어로 '스승'을 의미한다. 라마승은 전생을 기억할 수 있을 정도로 매우 높은 수행력을 가졌는데 달라이 라마는 라마를 대표한다. '달라이'는 몽골어로 '큰 바다'를 뜻하여 달라이 라마는 '바다 같은 넓은 지혜가 있는 큰 덕을 가진 스승'이라는 뜻이다. 티베트인들은 달라이 라마가 티베트를 수호하는 자비의 보살, 관세음보살의 현신이라고 믿기 때문에 그를 '살아 있는 부처'라는 뜻의 '쿤둔'이라고 부른다. 제14대 달라이 라마도 전생을 똑똑히 기억했다. 제13대 달라이 라마가 입적한 후 린포체 섭정의 꿈을 토대로 환생한 아이를 찾아간 사절단은 하모 된둡이라는 2살짜리 어린 아이가 정말 달라이 라마가 환생한 아이가 맞는지를 실험하기 위해 사절단의 대표인 세라 사원의 주지 케상 린포체가 하인 모습으로 위장하고 있었다. 그런데도 어린 아이는 한 눈에 그를 알아보고 "세라 라마, 세라 라마"라고 불렀다. 두 번째 방문에서 진짜 환생한 것인지를 확인하기 위해 제13대 라마가 사용하던 물건과 사용하지 않던 물건을 가져갔는데 이 어린 아이는 정확하게 물건을 구별해 내며 "내 것이다. 내 것이다"라고 말하기도 했다. 달라이 라마로 선택된 아이는 보통 18세까지 달라이 라마가 되기 위한 철저한 교육을 받는다. 18세에 정식으로 달라이 라마 즉위식을 갖는데, 그동안 티베트 라마 중 가장 덕이 높은 라마가 섭정을 맡는다.

213

〈셜록 홈즈(Sherlock Holmes)〉

2009

#사이비 종교 #인신 공양과 종말론 #산업 혁명 #제국주의

4장

사이비 종교가 지금도
우리를 유혹하고 있다면?

종말론을 주장하는 비밀 결사의 수장 블랙우드가
여인을 인신 공양하는 의식을 치르고 있다.

1890년 당시 영국은 산업 혁명이 고도로 발달하여 세계 곳곳에 식민지를 경영하면서 세계에서 가장 부유한 나라로 발전해 나가고 있었다. 가장 먼저 산업 혁명이 시작된 영국은 자본주의가 발달하면서 부를 축적한 자본가 계급이 풍족하고 부유한 생활을 하는 반면, 노동자들은 낮은 임금과 장시간의 힘든 노동에 시달리면서 열악한 도시 환경 속 빈민으로 하루하루를 살아갔다. 날이 갈수록 사회에는 빈부격차가 심해졌고 밑바닥 생활을 하는 빈민층 중에는 가난의 고통에서 구제해 줄 어떤 절대자의 존재를 기다리는 사람들이 생겨났다. 사이비 종교는 사람들의 이런 마음을 파고들어 독버섯처럼 피어났다. 사이비 종교의 교주는 곧 세상이 멸망한다는 종말론으로 사람들의 마음을 지배하고 조종하며 신도들을 영혼이 없는 꼭두각시로 만들었다. 사람들을 지배하고 유혹하는 사이비 종교는 어디에서 시작되었으며 그 교리는 어떤 내용일까? 또 산사람을 바치는 인신 공양의 역사는 언제부터 시작되어 어떤 형태로 진행되어 왔을까? 영화 속에서 사이비 종교의 실체를 파헤쳐 보자.

인신 공양과 종말론, 부활로 사람들의 마음을
지배한 악인과의 추리 대결

검은 두건과 제사장의 복장을 입은 한 사나이가 두 손을 하늘을 향해 올린 채 알 수 없는 주문을 외우며 기도를 드리고 있다. 그 앞에는 사지가 묶인 채 버둥거리는 한 여성이 신께 바쳐질 제물로 제단에 누워 있다. 하얀 드레스를 입은 그녀의 가슴 옆에는 날카로운 칼이 놓여 있다. 기도가 끝나면 이 여성은 살아 있는 상태에서 칼로 심장을 찔려 제물로 희생될 것이다.

영화 〈셜록 홈즈(Sherlock Holmes)〉 속 아슬아슬한 인신 공양 장면이다. 만약 셜록 홈즈와 그의 충실한 벗 왓슨이 제 시간에 도착하지 않았다면 이 여성도 사이비 종교의 수장인 블랙우드 남작에 의해 무참히 희생당했을 것이다. 〈셜록 홈즈〉는 가이 리치 감독이 만든 영화로, 명연기를 펼친 로버트 다우니 주니어는 이 영화로 골든 글로브 시상식 남우주연상을 받았다. 영화의 내용은 복잡하게 얽혀 있는 것 같지만 명쾌한 권선징악으로 끝난다. 사이비 종교를 이끌었던 교주 블랙우드 남작의 세계 정복 야욕을 명탐정 셜록 홈즈가 무마시킨 것이다. 여기에는 언제나 셜록 홈즈 옆에서 그의 요구를 받아 줬던 의사 존 왓슨의 도움이 컸다.

영화 〈셜록 홈즈〉의 원작을 쓴 아서 코난 도일(1859~1930)은 말년에 세계 심령학회의 회장을 맡을 정도로 심령이나 죽은 사람과의 영적 교류에 많은 관심을 가지고 있었는데, 그러한 작가의 생각이 작품에 깊이 반영되었다. 영화의 악당인 블랙우드도 살인마이자 주술사로서 인간의 마음을 조종하는 능력을 가진 악인으로 설정되어 있다. 블랙우드는 자신이 주술을 통해 무덤 속에서 걸어 나왔다고 조작했는데, 이것이 언론에 대서특필되면서 악마가 부활했다는 소문이 일파만파로 퍼져 나간다.

이 영화는 추리와 과학의 결정판과도 같다. 셜록은 블랙우드가 깨고 나왔다는 돌을 조사했는데, 깨진 돌이 인위적으로 아교로 붙어 있어 블랙우드가 무덤에서 손쉽게 나올 수 있었다는 것을 알아낸다. 이때 셜록이 블랙우드 대신 관 속의 시신이 된 레오던의 집을 찾아가는 장면에서 산업 사회에 들어선 19세기 런던의 거리 모습이 고스란히 드러난다. 부익부 빈익빈의 사회 계층 구조가 심화되고 도시화가 진행되던 런던의 비위생적이고 더러운 거리 모습에서 산업 혁명 과정의 어두운 그림자를 잘 보여 준다. 셜록은 레오던의 집에서 여러 과학 실험의 흔적을 찾아내어 그것이 곧 사람들에게 마술의 힘으로 비춰졌다는 사실을 확인한다. 이어 블랙우드가 보낸 하수인들과 몸싸움을 벌이게 되는데 셜록이 싸움을 벌인 곳은 대형 조선소가 세워지고 있는 부둣가로, 그곳에서도 당시 영국의 역동적인 산업 현장을 잘 살펴볼 수 있다.

독립한 미국을 다시 영국의 식민지로 만든다고?

영화 속 악당인 블랙우드는 영국 내무부 장관인 코워드 경을 수하로 부리면서 흑마법 단체의 수장이 된다. 그는 회원들에게 새로운 미래를 건설하기 위한 자신의 계획에 동참하라고 주문하는데, 그 계획에는 독립국이 된 미국을 다시 식민지로 만드는 내용도 들어 있다고 말한다.

미국이 독립하기 전, 대서양 연안의 13개 주는 영국의 식민지였다. 영국은 프랑스와 북아메리카 식민지를 놓고 프렌치-인디언 전쟁(1754~1763)을 치르는 과정에서 재정이 고갈되자, 북아메리카 이민자들에게 설탕세, 차세, 인지세 등의 세금을 강요했다. 화가 난 식민지인들은 1773년에 동인도에서 막 도착한 차를 불태워 버렸고(보스턴 차 사건), "대표 없이는 과세 없다"를 주장하며 영국 본국 정부에 격렬히 항의했다. 대륙 회의를 연달아 개최한 식민지 대표들은 1776년에 자유, 평등에 기초한 〈독립선언서〉를 발표했고 조지 워싱턴을 총사령관으로 삼아 영국 정부와 독립 전쟁을 치렀다. 1781년의 요크타운 전투에서 승세를 잡은 후 마침내 1783년 파리 협정을 통해 세계가 인정하는 가운데 독립국을 세울 수 있었다.

그런데 블랙우드는 미국을 다시 영국의 식민지로 만들겠다는 계획을 발표한 것이다. 그는 현재 미국이 남북 전쟁(1861~1865) 이후에 국력이 쇠했고 미국 정부도 무능하기 때문에 이 계획이 좋은 기회가 될 거라고 주장했다. 남북 전쟁은 노예제를 반대한 공화당 출신의 에이브 러햄 링컨(1809~1865)이 제16대 대통령에 당선되자 자유 무역을 원하며 목화 재배를 위해 노예가 절대적으로 필요한 남부 7개 주가 연방을 탈퇴하여 독립을 선포하면서 시작되었다. 링컨은 연방제를 지키기 위해 1861년에 남부주 내의 흑인 노예에 대한 '노예 해방령'을 발표하여 전쟁을 역전시켰고, 4년간 계속되었던 남북 전쟁은 보호 무역으로 인해 자유노동자가 필요했던 북부의 승리로 끝났다.

'해가 지지 않는 나라'의 어둠, 빈부격차를 들여다보다

영화의 시점은 1890년이다. 이 해는 '빅토리아 시대'를 열었던 대영제국의 화려한 전성시대, 64년에 달하는 빅토리아 여왕의 통치기였다. 산업이 고도로 발전하여 전 세계에 식민지를 두고 '해가 지지 않는 나라'로 불리던 시대였다. 영화에서도 산업 발전을 드러내는 여러 가지 구조물들이 등장한다. 수많은 선박들과 복잡한 기계로 가득한 공장, 조선소, 전자동으로 돌아가는 육가공 공장 등이다. 이러한 산업 현장에서 중노동에 시달리는 빈민층이 사는 어두운 골목과 불결하고 열악한 주거 지역도 등장한다. 반면 블랙우드 남작의 집은 눈이 휘둥그레질 정도로 고급스러운 인테리어를 가진 대형 저택이어서 당시 사회의 극심한 빈부격차를 잘 알 수 있다.

또 영화에는 영국의 명물이 주요 촬영 장소로 등장한다. 템스강을 가로지르는 영국의 랜드마크인 타워 브리지 철교가 등장하는데, 각종 건설 중장비들이 즐비한 철교 꼭대기에서 셜록과 아이린의 아슬아슬한 추격신과 블랙우드와의 격투신이 펼쳐진다. 타워 브리지는 1886년에 착공하여 장장 8년 만인 1894년에 완공되었기 때문에 영화의 배경이 되는 1890년에는 한창 건설 중이었다. 영화의 후반부에서는 런던의 또 다른 랜드마크인 시계탑 빅벤과 영국 국회의사당을 화면 가득히 보여 준다.

헤브라이즘에 바탕을 둔 종말론과 오랜 역사를 가진 인신 공양

영화에는 서양 문명의 원류인 헤브라이즘(Hebraism)에 바탕을 둔 부활과 종말론이 등장한다. 헤브라이즘이란 유대 민족의 유일신 사상이 크리스트교를 통해 서양 문화에 깊이 자리 잡으면서 탄생한 '신이 중심이 되는 사상'이다. 헤브라이즘을 통해 사람들은 예수가 3일 만에 죽음에서 삶으로 부활했다는 것을 믿고 세상이 끝나는 날이 온다는 '종말론'과 세상을 구원할 분이 다시 나타날 것이라는 '예수의 재림'을 믿는다.

사이비 종교를 이끄는 교주는 이러한 내용을 바탕으로 종말론을 퍼트린다. 그리고 불안에 떠는 신자들에게 성서에서 언급된 권능과 큰 영광을 가진 '사람의 아들'처럼 신적인 능력을 소유한 사람이 바로 자신이라고 주장한다. 블랙우드는 신자들을 통해 이렇게 외친다. "종말이 옵니다. 블랙우드가 이 땅에 저주를 내렸습니다. 모든 그림자 속에 그가 있고 구름 떼와 함께 그가 오니 모든 눈이 그를 보고 모든 영혼이 통곡할 것입니다!"

그러고는 두려워하는 사람들에게 자신을 따르는 사람들만이 종말에서 살아남을 수 있다고 주장한다.

한편, 영화는 '인신 공양' 장면으로 시작한다. 인류 역사에서 인신 공양은 매우 오랜 역사를 가지고 있다. 선사 시대에 원시 종교를 믿기 시작할 때부터 어떤 절대적 존재에게 살아 있는 사람을 바치는 인신 공양이 이루어졌다. 인류학, 고고학적인 문헌 자료와 발굴 자료를 종합해 볼 때 인신 공양은 고대 이집트와 메소포타미아 지역을 비롯하여 세계 곳곳에서 행해졌다. 한반도에서도 신라의 월성에서 인신 공양에 바쳐진 유골이 출토되었고, 소설《심청전》등에는 용왕에게 인신 공양을 바치는 장면이 묘사되어 있다. 세계에서 가장 대규모의 인신 공양이 행해진 곳은 중앙아메리카, 현재의 멕시코 고원에서 발달한 아스테카 문명이었다. 아스테카 문명은 도시를 관통하는 소위 '죽는 자들이 걷는 길'을 닦고 그 끝에 피라미드식 제단을 지은 후 1만 명에서 8만 명에 이르는 대규모 인신 공양을 행했는데, 바로 산사람의 심장을 찔러 그 피를 제단에 바치는 의식이었다. 또한 비의 신 틀랄록(Tlāloc)을 위해 매년 어린아이를 바쳤다. 어린아이들의 눈물이 필요하다는 이유에서였다. 어떤 전문 연구자는 어린이 5명 중 1명이 매년 희생되었다는 통계를 제시하기도 했다. 또 남아메리카의 잉카 문명에서는 큰 축제나 왕가의 장례식, 기근과 같은 자연 재해가 일어났을 때 인신 공양을 행했는데, 페루를 비롯하여 잉카 문명 지역 곳곳에서 인신 공양에 희생된 소녀 미라가 다수 발굴되고 있다. 아프리카에서는 통치자가 죽으면 수백에서 수천 명의 노예를 인신 공양으로 희생시키도 했다.

역사 지식 넓 히 기 🎥   # 런던의 랜드마크, 빅벤의 기원

영화 〈셜록 홈즈〉에는 국회의사당으로 사용되고 있는 웨스트민스터궁 옆에 마치 수호자처럼 서 있는 시계탑 빅벤의 위풍당당한 모습이 등장한다. 빅벤은 높이만 96미터에 달하는 세계에서 가장 큰 시계이다. 15분마다 자동으로 종을 울리는 자명종으로, 시침의 길이는 2.7미터이고 분침의 길이는 4.3미터에 달한다. 시계 부분인 다이얼로그 아래에는 라틴어로 "주여 빅토리아 여왕을 구원하소서"라는 글귀가 새겨져 있다.

시계탑의 이름을 왜 빅벤으로 부르게 되었는가에는 여러 가지 설이 있다. 첫째는 처음 시계탑이 완공되었을 때 언론에서 '성 스테판 탑'이라고 칭했

빅벤의 모습(2006)(출처: 위키
피디아)

지만, 사람들이 대종의 설치 책임자인 벤저민 홀 1대 남작의 큰 키가 인상적이어서 빅벤이라고 부르기 시작했다는 설이다. 둘째는 시계 제작자인 벤자민 루이스 발리미의 이름에서 유래했다는 설이다. 이외에도 영국 헤비급 복싱 선수인 벤 카운트의 별명인 빅벤에서 가져왔다는 설도 있다.

빅벤은 2012년에 엘리자베스 2세 즉위 60주년인 '다이아몬드 쥬빌리(Diamond Jubilee)'를 기념하여 '엘리자베스 타워'라는 공식 명칭을 갖게 되었다.

**영화별
세계사 포인트
알고 가기!**

〈제국(秦頌, Emperor's Shadow)〉(1996)	진시황
〈알렉산더(Alexander)〉(2004)	알렉산더 대왕
〈엘리자베스: 골든 에이지 (Elizabeth: The Golden Age)〉(2007)	엘리자베스 여왕
〈뷰티풀 마인드(A Beautiful Mind)〉(2002)	존 내시

5부

인물관

세계 역사를 움직인
위대한 그들의 삶과 발자취

〈제국(秦頌, The Emperor's Shadow)〉

1996

#전국 시대 #진시황 #천하 통일 정책

천하통일을 이루고
스스로 황제가 된 남자

어마어마한 규모의 진시황 군대가
출정 준비 중이다.

중국은 주나라가 이민족인 견융족의 침입을 받아 수도를 호경에서 낙읍으로 천도한 이후, 나라가 분열되는 춘추 전국 시대가 시작된다. 춘추 전국 시대는 크게 둘로 나뉘는데, 하나는 제후국들이 주왕을 모시고 이민족을 내몰겠다는 '존왕양이(尊王攘夷)'와 끊어진 왕실을 다시 이어가겠다는 '계절존망(繼絶存亡)'을 내걸며 춘추 5패가 패권 다툼을 하던 춘추 시대이다. 또 하나는 전쟁을 통해 천하를 통일하겠다는 전국 7웅이 힘겨루기를 하던 전국 시대이다. 이 춘추 전국 시대는 기원전 770년부터 진이 천하 통일의 위업을 달성하는 기원전 221년까지, 무려 550여 년에 이른다. 그 위업을 달성한 사람이 진(秦)왕 영정이다. 중국 역사상 최초로 자신을 황제라 칭한 그는 어떻게 천하를 통일할 수 있었을까? 통일을 이룬 후 나라를 하나로 이끈 방법은 무엇일까? 그 과정에서 어떤 폭압적인 정책이 행해졌을까? 영화 〈제국〉을 통해 진시황의 천하 통일 과정과 그 결과를 알아보자.

통일 제국 진을 축원하는 곡,
진송 연주

진의 군기를 달고 황제를 태운 순행 마차 행렬이 황허에 다다랐다. 환관인 조고가 앞으로 나서 황제가 친히 황허에 제를 올릴 것임을 선언한다. 무섭게 소용돌이치며 흘러가는 강물을 바라보며 제를 올리는 진시황을 위해 진송을 연주할 악공들이 악기들과 함께 서 있다. 진시황은 몸이 쇠약해져 혼자서는 일어설 수가 없다. 겨우 제를 올리려는데, 진시황이 알아들을 수 없는 명을 내린다. 환관 조고가 귀를 바짝 대고 그의 명을 받은 후 소리친다. "악기를 제물로 바쳐라!" 황제의 명에 따라 악기들이 한꺼번에 우렁찬 소리를 내며 누런 황허 강물 속으로 떨어진다.

이것은 영화 〈제국(秦頌, The Emperor's Shadow)〉에서 전국 시대를 통일한 진의 통일 위업을 칭송하는 노래, 진송(秦頌)이 만들어지는 과정을 그려낸 장면이다. 〈제국〉은 당시 중국 영화사상 가장 많은 비용인 4천만 달러를 투자받아 주효문 감독이 제작한 명작으로, 시나리오 구성에만 6년이 걸렸다. 그런데 영화가 개봉되어 중국 5개 도시에서 상영된 지 4일 만에 갑자기 중국 공안 당국에 의해 상영이 금지되고 만다. 그 이유는 지금까지도 알려지지 않았다. 엄청난 금액을 투자하여 제작한 영화가 중국 국내에서 상영할 수 없게 되자 투자사는 영화 보급을 해외로 돌렸고, 그 결과 우리나라를 비롯한 전 세계에서 영화가 상영되었다. 완성도 높은 영화에 걸맞게 스페인 산세바스티안 국제영화제에서 '국제영화평론가협회상'을 수상하기도 했다.

영화는 전국 시대에 패권을 다투던 제(齊), 진(秦), 초(楚), 연(燕), 위(魏), 한(韓), 조(趙)의 7웅 중에서 진의 왕인 영정을 주인공으로 하여 통일 과정을 그려 냈다. 역사적 사실과 시나리오의 조화를 통해 영화의 긴장과 갈등을 고조시켜 몰입도를 높였다. 감독은 진시황 당대의 역사적 인물들을 영화에 등장시켰다.

늘 옆에서 진시황을 보필하는 환관 조고와 엄격한 법가를 진에 적용시켰던 승상 이사가 대표적 인물이다. 조고는 영화 주요 장면마다 출연하여 진시황이 벌이는 악행을 보좌하고 어리숙한 황자 호해를 멋대로 조종한다. 승상 이사는 자신의 관직을 걸고 진시황이 벌이는 일을 막아 낸다. 진시황의 암살자로 역사에 이름을 남긴 형가도 등장한다. 연나라 사람인 형가는 진시황을 알현하여 암살을 시도하려다 진시황에 의해 목숨을 잃는다. 이후 역사에서 기록하듯이 진시황이 자신에게 암살자를 보낸 연을 침략하는 장면도 영화에서 재현된다. 진시황이 불로장생을 꿈꾸며 방사 서복에게 동남 동녀 600명을 선발해 동해 신선에 제물로 바치는 내용 역시 역사적 사실이다. 다만, 600명이 아니라 3천 명을 보냈다고 전해진다.

233

천하 **통일**을 위한
진시황의 **정책**들

진시황이 전국의 6국을 멸하고 천하 통일을 달성한 후에 실시한 역사적 정책 역시 〈제국〉에서 그려졌다. 정복한 국가의 백성들을 만리장성 공사에 동원시켰던 사실은 연을 정복하여 얻은 노예들을 만리장성 공사장에 보내 죽게 했다는 대사로, 6개국이 제각기 사용하던 문자와 화폐, 율법, 도량형을 통일한 사실은 진시황이 신하와 주고받는 대화를 통해 알 수 있다. 또한 각 나라마다 사용하던 무기를 모두 거두어들인 것 역시 사마천이 지은 《사기》 등에 기록되어 있다.

진은 엄격한 법가를 시행하는 국가로서 형벌이 매우 혹독했다. 영화에도 얼굴에 죄수임을 나타내는 글자 '수(囚)'를 새기는 묵형(墨刑, 글자를 새기는 형벌)이 여러 번 나온다. 또 환관 조고의 조종을 받는 현명하지 못한 황자 호해의 대사를 통해 죄수에 대한 거열형(車裂刑, 죄인의 다리를 두 대의 수레에 한쪽씩 묶어서 몸을 두 갈래로 찢어 죽이는 형벌)이 시행되었다는 것을 알 수 있다. 이외에 진시황이 죽간 120근의 공문서를 읽는다는 내용이 나오는데, 실제로 진시황은 수많은 문서를 읽고 처리해 내었으며 정해 놓은 수량을 채우지 못하면 쉬지도 않았다는 기록이 있다.

영화 속 주인공들의 삶과
역사 속 실제의 삶

영화의 주인공으로, 진송을 작곡한 연나라 출신의 천재 음악가 고점리 역시 실제 인물이다. 진시황을 암살하려 했던 형가의 친구로 기록되어 있는데, 영화에서도 형가가 진시황을 암살하기 전에 그에게 도움을 요청한다. 이에 진시황이 그의 눈을 멀게 하는 형벌을 내린 것 역시 역사적 사실이다. 축(옛날 비파와 같은 현악기)을 잘 치기 때문에 죽이기엔 아깝다는 것이 그 이유였다. 실제로도 고점리는 형가에 이어 단독으로 진시황 암살에 나선다. 악기인 축 속에 쇠망치를 감추어 두었다가 진시황 앞에서 연주를 할 때 쇠망치를 꺼내 진시황을 죽이려 했지만 실패하여 죽임을 당한다.

하지만 몇몇 장면에서, 특히 고점리와 관련하여 실제 역사와 다른 점이 많다는 비판이 일자 주효문 감독은 인터뷰에서 세상을 지배한 진시황에게 끝까지 굴복하지 않은 한 남성의 이야기를 통해 역사극을 현대적으로 재조명한 것이라고 말하기도 했다.

춘추 전국 시대를 통일하고
스스로 황제라 칭한 진시황

영화에서 진시황은 7웅 중 여섯 나라를 멸하고 달려온 지난날을 돌아보며 이렇게 말한다. "550년 전란

1장 천하통일을 이루고 스스로 황제가 된 남자

속에서 시체가 산처럼 쌓이고 핏물
이 강물처럼 흘렀다!"

치열한 전투 속에서 조각조각 분
열되어 있던 중국을 통일한 과정을
잘 보여 주는 말이다. 여기서 550년
이라는 숫자는 기원전 770년 춘추
전국 시대에서 진이 전국 시대를 통
일하는 기원전 221년까지의 기간을
뜻한다. 진의 36대 군주인 진시황은
선왕인 장양왕이 서거하자 13살의
나이에 왕위에 올랐다. 당시 진은 힘
이 약했기 때문에 진시황은 아버지
때부터 이어서 조나라에서 인질 생
활을 해야 했다.

전국 7웅 진나라의 제31대 왕이자 제1대
황제인 진시황(출처: 위키피디아)

왕위에 오른 진왕 영정은 전권을 손에 쥐고 천하 통일에 나선다. 전
국의 여섯 나라를 한(韓), 조(趙), 연(燕), 위(魏), 초(楚), 제(齊)의 순으로
멸망시키는데, 영화는 그 중 연의 멸망을 묘사하는 데 많은 장면을 사
용했다. 자신을 암살하려던 고점리와 형가 모두 연나라 사람이었던 이
유로 행한 피도 눈물도 없는 응징을 통해 그의 정복 과정을 알 수 있다.
진시황의 정책은 한마디로 폭압 그 자체였다. 참수형을 하는 형리들의 칼날이 너무 많은 사람들의 목을 베어 무뎌질 정도로 수많은 사람을 희생시키고 통일의 위업을 이루었다.

또한 자신의 위업을 칭송하면서 임금이 죽은 후에 붙이는 시호를 없애고 스스로를 '처음 황제'라는 의미의 '시황제(始皇帝)'라 칭하게 했다. 자신이 죽은 후에는 뒤를 이은 황제의 수를 헤아려서 2세, 3세로 하여 만 세까지 이르게 하라고 했다. 우리가 흔히 신나고 좋은 일이 있을 때 외치는 "만세"는 바로 진시황이 처음으로 지은 말로, 만 세까지 영원하라는 의미를 나타낸 것이다. 또한 자신을 '짐'이라고 칭했으며, 제후들이 저마다 왕이 되겠다고 하는 것을 막기 위해 지방에 직접 황제가 임명하는 관리를 파견하여 천하를 36개 군으로 나누고 군마다 수(守), 위(尉), 감(監)을 두었다. 또 법과 도량형, 수레바퀴의 폭과 문자를 통일했으며 전국의 부호들 12만 호를 수도인 함양으로 이주시키는 등 중앙집권적 체제를 세우는 데 힘을 썼다.

진시황의 폭압 정치와 중국 최초 농민 반란의 봉기

그러나 만세까지 이르게 하겠다는 그의 야멸찬 꿈은 3세에 끝났다. 3세 황제도 단 46일 동안만 황제에 있었다. 진이 이렇게 멸망하게 된 것은 진시황이 살아생전에 만든 폭압적인 정책과 법 때문이다. 진시황은 끊임없이 대규모 토목 공사를 진

1장 천하통일을 이루고 스스로 황제가 된 남자

발굴된 진시황릉 병마용갱의 모습(출처: 위키피디아)

행했다. 곳곳마다 신궁을 지었을 뿐 아니라, 흉노족을 막기 위해 전국 시대에 각 제후국들이 쌓았던 장성의 벽을 트고 길게 이어서 만리장성을 만들었다. 그 작업이 매우 험난해서 2만 5천여 명의 연나라 백성들이 공사를 하다가 죽음에 이르렀다는 말이 나올 정도였다.

셴양에는 중국 역사상 가장 사치스럽고 규모가 큰 궁궐인 아방궁을 지었다. 원래 이름은 조궁으로, 궁궐의 일부인 전전의 이름이 '아방'이었다. 궁궐의 크기는 동서로 200미터, 남북이 120미터에 달했으며 1만 명이 동시에 앉을 수 있을 정도였다고 한다. 아방궁은 진이 멸망한 후

초패왕 항우에 의해 불태워졌다고 전하기도 하고, 사실은 아방궁이 완성된 것이 아니라 계속 짓고 있는 중이었다는 발굴 보고도 있다.

또 진시황은 자신의 묘를 지킬 수많은 병사와 말, 전차 등을 흙으로 빚어 만들었는데, 바로 유네스코 문화유산에 등재된 병마용들이다. 진시황은 왕위에 오르자마자 천하 명당에 자신의 묫자리를 정했고, 이후 37년 동안 전국에서 70만 명의 죄수와 백성들을 동원하여 자신의 묘에 거대한 지하도시를 건설하게 했다. 무덤을 축조한 사람들은 비밀을 지키기 위해 모두 죽임을 당했다. 지난 1974년부터 발굴된 진시황을 지키는 병마용은 1호 갱에서 보병과 기병을 합쳐 1,087명이 나왔는데, 이 갱에만 약 6,000개의 병마용이 있었을 것으로 추산된다.

그 뿐만이 아니다. 범죄를 저지른 자에게 잔인하고 혹독한 벌을 내리는 사상인 법가로 천하를 다스리면서 '분서갱유(焚書坑儒)'를 실시했다. 분서는 진의 역사서와 의약, 점술, 농업에 관한 책 외에 나라의 허락을 받지 않고 사사로이 소장하고 있는 《시경》, 《서경》을 비롯한 공자, 맹자, 노자, 장자 등 제자백가의 책들을 없애고, 이를 어긴 자는 엄벌에 처하는 것이다. 갱유는 진시황의 꿈인 불로장생을 이룰 신선술을 연구하던 후생과 노생이 진시황이 준 지원금을 탕진한 후 자취를 감추자, 이들과 연관된 400여 명을 산채로 땅에 묻어 죽인 것을 말한다.

진시황이 만든 법가에 의한 율법을 좀 더 살펴보면, 군사나 공사에 동원한 백성들 가운데서 제 시간에 오지 못한 이들은 곧장 목을 베는 참수형에 처했다. 그러다 보니 기원전 209년에 농민 진승과 오광은 군사로 징발된 백성 900명을 이끌고 북쪽 국경 지역으로 가다가 큰 비를 만나 약속한 날까지 목적지에 이르지 못하게 되자, 어차피 죽을 목숨이라는 생각에 사람들을 이끌고 중국 역사상 최초의 농민 봉기를 일으키게 된다. 이 일로 진은 멸망의 길에 들어선다.

진시황의 최후

진시황은 살아생전에 5번이나 천하를 돌아보는 순행에 나섰다. 그가 순행 때마다 남긴 비석은 모두 7개이다. 그중 남아 있는 비문의 내용은 사마천의 《사기》 중 「시황본기」에서 확인할 수 있다. 비문의 글을 분석해 보면, 국가의 초석은 유가로 통치하였고 법가 사상을 강조하여 농업을 중시하고 상업을 억압하려고 했다. 진시황은 천하를 순행하며 민심을 다스리려고 했지만 그의 거대한 행차는 백성에게는 민폐이자 고통이었다. 2차 순행 때는 상산에서 불어오는 강한 바람 때문에 강을 건너기 힘들자 3천 명의 인부를 동원하여 나무를 모조리 잘라 내 민둥산을 만들었고, 3차 순행 때는 자객에게 목숨을 위협받자 범인을 찾아 전국 곳곳을 공포에 몰아넣는 수색령을 내렸다. 이후 기원전 210년에 진시황은 5차 순행 중 큰 병에 걸려 죽는다.

'지록위마' 사자성어의 탄생

'지록위마(指鹿爲馬)'는 사실이 아닌 것을 강압적으로 우길 때 혹은 아랫 사람이 윗사람을 농락할 때 사용하는 사자성어이다. 지록위마를 직역하면 "사슴을 일컬어 말이라고 한다"는 뜻이다. 진시황이 죽을 때 유고를 받았던 환관 조고는 거짓 조서를 꾸며 첫째 아들인 부소에게 자결하라는 명을 내렸다. 현명한 부소가 황제가 되면 자신들이 천하를 장악하기 어렵기 때문이다. 그 대신 어리석은 호해를 황제로 세운 조고는 이후 진시황을 모셨던 신하들을 제거하고 조정의 실권을 장악했다. 그러고도 마음이 놓이지 않은 조고는 중신들의 마음을 떠보기 위해 호해에게 사슴을 바치면서 말을 바친다고 말했다. 호해는 웃으며 사슴을 말이라고 한다면서 좌우의 신하들에게 과연 말로 보이냐고 물었다. 많은 신하들이 조고가 두려워 그렇다고 했으나 몇몇 신하들은 말이 아니라고 했고, 조고는 그 신하들을 기억해 두었다가 누명을 씌워 죽여 버렸다. 바로 여기서 '지록위마'가 탄생했다.

이후 조고가 횡포를 부려도 반대하는 신하가 없었고 진은 멸망의 길을 걸어갔다. 진승과 오광의 난에 이어 초패왕 항우와 한의 유방이 군사를 일으켜 셴양으로 진격해 오자 조고는 호해를 겁박하여 자결하게 했다. 이어 부소의 아들 자영을 세워 3세 황제로 삼았으나 오히려 그에게 죽임을 당했다. 조고가 죽은 다음 해인 기원전 206년에 진은 역사의 뒤편으로 사라지고 말았다.

1장 천하통일을 이루고 스스로 황제가 된 남자

〈알렉산더(Alexander)〉
2004

#알렉산드로스 대왕 #알렉산드로스 제국 #헬레니즘 문화

2장

알렉산드로스 대왕은 왜
세계 정복을 멈추고 돌아갔을까?

인더스강까지 진격한 알렉산드로스 대왕이
코끼리를 탄 인도의 포루스왕과 격돌한다.

단 10년간의 정복으로 3대륙에 걸친 대제국을 건설한 왕이 있다. 전설적인 정복자 알렉산드로스 대왕(기원전 356~기원전 323, 재위 기원전 336~기원전 323)[*] 이다. 그가 태어난 곳은 마케도니아 왕국이다. 그의 아버지인 필리포스 2세(재위 기원전 359~기원전 336) 역시 대단한 정복자였다. 필리포스 2세는 그리스 · 페르시아 전쟁과 펠로폰네소스 전쟁으로 쇠약해진 그리스 세계를 정복하고 동방 원정을 준비하다가 뜻하지 않게 암살을 당했다. 그의 뒤를 이어 마케도니아 왕에 오른 알렉산드로스 대왕은 고작 22살의 나이에 못다 이룬 부왕의 꿈을 잇기 위해 세계 정복에 나섰다. 가는 곳마다 승리를 거두고 서아시아의 최강자였던 아케메네스 왕조 페르시아를 멸망시켰다. 그럼에도 그는 동방 원정을 계속하여 박트리아를 멸망시키고 인도의 인더스강 유역까지 진출했다. 알렉산드로스 제국이 세계사에 끼친 가장 중요한 역사적 의의는 무엇일까? 그가 이끌었던 마케도니아군이 가는 곳마다 승리를 거둔 힘은 무엇일까? 또 그는 왜 더 앞으로 나아가지 않고 인도에서 정복 활동을 끝

● 영화 제목이 〈알렉산더〉인 것은 영화 제작사가 미국의 워너 브러더스이기 때문이다. 알렉산더는 알렉산드로스를 영어로 표현한 것이다. 역사 교과서 편수 용어가 그리스어인 알렉산드로스이므로 본문 모두 알렉산드로스로 쓴다.

내고 돌아오게 되었을까? 패기 넘쳤던 알렉산드로스 대왕의 정복 활동과 그가 이룩한 헬레니즘 문화(Hellenism)에 대해 탐구해 보자.

물러설 줄 모르고 **앞**으로만 **전진**하던
알렉산드로스 대왕이 **발길**을 돌린 **까닭**은?

알렉산드로스가 부하들을 열심히 설득하며 달래고 있다. 인도를 정복하기만 하면 금세 알렉산드리아에 돌아가게 될 것이라고 말이다. 그러면 고향에 가서 사랑하는 가족들에게 전쟁에서 얻은 보물을 자랑스럽게 보여 주면서 동방에서 목숨을 걸고 싸운 이야기를 들려 주자고 한다. 그런데 알렉산드로스의 말을 듣는 마케도니아 병사들의 표정은 좋지 않다. 부하 중 장군 하나가 용기를 내서 말한다. 너무 많은 마케도니아 병사들이 죽었기에 이제는 더 이상 싸우고 싶지 않다고 말이다. 알렉산드로스가 다시 포기하지 않고 병사들을 설득한다. 그러나 병사들은 말을 듣지 않고 저마다 외친다. "집에 가고 싶어요!" "영광은 지긋지긋합니다!" "죽기 전에 자식과 아내를 보고 싶어요!"

아카데미 시상식 감독상을 두 번이나 수상한 명감독 올리버 스톤이 제작한 영화 〈알렉산더(Alexander)〉의 한 장면이다. 이 장면을 통해 알렉산드로스 대왕이 왜 동방 원정을 멈추게 되었는지를 잘 알 수 있다. 마케도니아 병사들은 오랜 전쟁으로 향수병에 걸린 것이다. 결국 알렉

고대 그리스 마케도니아 왕국의 아르게아다이 왕조 제26대 군주인 알렉산드로스 대왕
(출처: 위키피디아)

산드로스 대왕은 자신과 부왕까지 인신공격을 한 부하와 병사들을 본보기로 처형한 후에 계속 정복에 나선다. 하지만 이미 군 내부에는 균열이 생겼고 그를 진심으로 존경하고 전폭적으로 따랐던 병사들까지 동요하기 시작한다.

간신히 군 내부의 분열을 진정시키고 지금의 파키스탄 펀자브 지방의 남쪽으로 진군하던 알렉산드로스 군대 앞에 이번에는 코끼리 수백 마리를 동원한 인도 포루스왕의 군대가 나타났다. 이 피비린내 나는 전투에서 그동안 패배를 몰랐던 알렉산드로스 대왕은 일생일대의 위기를 맞이한다. 우선 자신의 애마 부케팔로스가 포루스 군단의 공격으로 숨을 거두었고, 말이 쓰러지면서 알렉산드로스 역시 화살이 관통하는 치명상을 입었다.

영화 〈알렉산더〉는 부케팔로스를 탄 알렉산드로스 대왕이 어마어마하게 큰 전투 코끼리 위에 올라탄 포루스를 처음 만나는 장면을 비중

있게 표현했다. 전문 연구자들은 영화가 고증에 충실했다는 평을 내렸다. 다리우스 3세와 격전을 벌였던 가우가멜라 전투와 인도 포루스왕과 맞붙었던 히다스페스 전투 장면을 사실적으로 재현한 덕분이다.

영화는 알렉산드로스 대왕의 부하인 프톨레마이오스의 이야기를 통해 알렉산드로스의 죽음 이후 찾아온 제국의 변화를 관객들에게 알려준다. 제국은 그리스를 통치하는 카산드로스와 이집트를 통치하는 프톨레마이오스, 시리아의 안티고누스, 동방의 셀레우코스와 페우케스타스에 의해 넷으로 분열되었다. 카산드로스는 알렉산드로스 대왕의 어머니인 올림피아스에 이어 왕비 록산느를 독살했으며 알렉산드로스 대왕의 13살 아들(알렉산드로스 4세)도 제거했다. 그리고 사실 알렉산드로스 대왕은 열병으로 죽은 것이 아니라 제거당할 것을 염려한 알렉산드로스의 부하들이 공모하여 독살했다고 말한다. 그가 남긴 이 말은 일부 학자들이 아직도 주장하고 있는 알렉산드로스 대왕 독살설을 가리키는 것이다.

동서를 아우른 대제국을 이룩한 알렉산드로스 대왕

영화 〈알렉산더〉에서 알렉산드로스는 다리우스 3세의 딸 스타테이라와 결혼하면서 부하들도 집단으로 페르시아 여자들과 결혼시킨다. 또 부하들의 반대를 무릅쓰고 박트리

그리스를 시작으로 남쪽으로는 이집트, 동쪽으로는 인도 북서부까지 이르렀던 알렉산드로스 제국(마케도니아 제국, 기원전 334~323)의 영토를 나타낸 지도(출처: 위키피디아)

아 공주인 록산느와도 결혼을 했다. 또한 부하들 중 능력 있는 자를 정복한 지역의 총독으로 임명하여 그리스 문화를 퍼트렸다. 그의 이러한 정복 활동은 자연스럽게 그리스 문화와 동방 문화를 융합시키는 결과를 가져왔다. 이렇게 알렉산드로스의 정복 활동에 의해 동서 문화가 융합되어 탄생한 문화를 '헬레니즘 문화'라고 한다. 그는 동방 원정에 마케도니아 군사만 데리고 다니지 않았다. 영화에서 그의 군사를 따라 그리스인들의 이주 행렬이 끝없이 이어지듯이, 그리스의 학자와 예술가, 기술자, 상인 등을 대동하고 다녔다. 그는 자신의 가정교사였던 그리스를 대표하는 철학자 아리스토텔레스를 통해 그리스의 철학과 문화를 배웠다. 호메로스의 시를 줄줄 암송했고 잘 때에도 항상 베개 속에 호메로스의 책을 끼고 살았던 그리스 지상 주의자였기에, 그는 그

2장 알렉산드로스 대왕은 왜세계 정복을 멈추고 돌아갔을까?

리스 최고의 전사 아킬레우스를 멘토로 여겼다.

알렉산드로스는 기원전 334년에 동방으로 원정을 떠나 도착한 소아시아에서 두 가지 의미 있는 일을 해내며 앞으로 세계 정복을 이룰 것임을 더욱 공고히 하며 천하에 널리 알렸다. 그중 첫째는 트로이 유적지를 찾아 아킬레우스를 위해 경건하게 분향한 것이고, 둘째는 세계를 정복한 자만이 풀 수 있다는 전설 속 고르디우스의 매듭을 칼로 끊어 내었다는 것이다.

알렉산드로스가 죽은 뒤에 그의 제국은 부하들에 의해 분열되었지만 그가 뿌린 씨앗은 동방과 서방 모두에 깊은 영향을 미쳤다. 특히 그는 정복지마다 자신의 이름을 따서 '알렉산드리아'라고 이름 붙인 도시를 70여 개 만들고 그곳에 그리스 전문가 집단을 이주시켜 살게 했다. 이곳에서 세계 7대 불가사의에 들어가는 거대한 알렉산드리아 등대가 만들어졌고 세계 도서관의 이정표인 알렉산드리아 도서관이 세워졌다. 알렉산드로스는 아리스토텔레스에게 대화와 토론, 문답식의 그리스식 교육을 받았기 때문에 그 교육 방식 또한 정복지 곳곳에 전파시켰다. 페르시아 귀족 청년 3만 명을 교육하여 그리스어를 배우게 하고, 그리스풍의 전술을 훈련시켜 그의 전위대로 채용했다. 그는 동방의 문물을 받아들이는 것도 주저하지 않았다. 페르시아 제국의 통치 체제, 예를 들면 총독을 파견하고, 세금의 혜택을 주며, 도로와 화폐, 문자와 도량형의 통일 등을 서구 세계에 전파시켰다.

동서를 **아우른** 알렉산드로스 **제국**이 **이룩**한
헬레니즘 문화

알렉산드로스 대왕의 동서 문화 융합 정책으로 탄생한 헬레니즘 문화는 알렉산드로스 사후부터 로마가 프톨레마이오스 왕조의 이집트를 멸망시킨 기원전 30년까지 약 300년간 계속되었다. 헬레니즘의 정신은 개인주의 사상과 함께 그가 실천하고자 노력한 세계 시민주의적 경향을 가지고 있다. 영화에도 알렉산드로스가 틈만 나면 다양한 인종과 어울려 지내라고 했다는 말이 나온다.

그리스 철학은 한층 발전하여 헬레니즘을 대표하는 두 파가 성립되었는데, 금욕을 강조하는 스토아학파와 정신적 쾌락을 추구하는 에피쿠로스학파이다. 동서양의 미적 구조를 관능적으로 결합한 최고의 예술품들도 만들어졌다. 〈밀로의 비너스〉와 승리의 여신을 조각한 〈사모트라케의 니케상〉은 숨 막히는 아름다움을 자랑한다. 트로이 신관과 그의 두 아들의 고통스러운 최후를 조각한 〈라오콘 군상〉은 매우 사실적이다. 헬레니즘 시대에는 자연과학도 발달했다. 기하학에서는 유클리드가, 과학에서는 목욕탕에서 부력의 원리를 발견하고 너무 기뻐 "유레카!"라고 외쳤다는 아르키메데스가 활동했는데 그들은 그리스 수학과 과학의 원리를 한층 발전시켰다.

영화는 영웅 알렉산드로스보다 인간적인 알렉산드로스를 재현해 내려 애썼다. 오랫동안 신뢰 관계였던 부하 클레이터스를 죽이고 나서 그가 얼마나 후회하고 죄책감과 절망감에 고통스러워했는지, 록산느와 얼마나 열정적인 사랑을 나누었는지, 사랑하는 친구 헤파이스티온을 보내고 터져 버릴 것 같은 슬픔에 잠겨 자신을 혹사하는 모습을 실감나게 보여 준다.

한편 영화에는 아시아인을 무시하는 오리엔탈리즘적인 장면들도 등장해 비판을 받기도 한다. 인도 병사를 원숭이 취급하고 박트리아인에 대해 저급하고 문명이 떨어진다며 노골적으로 폄하한 것이다. 또 인도의 무장 투쟁 독립론자였던 네루 수상이 저서 《세계사 편력》에서 맹렬하게 비판했던 파괴자나 약탈자로서의 알렉산드로스의 모습도 전혀 나타나지 않았다. 《플루타르코스 영웅전》의 기록에 의하면, 알렉산드로스는 아케메네스왕조 페르시아의 수도 바빌론의 페르세폴리스에서 노새 10만 쌍과 5천 마리의 낙타를 동원하여 보물을 약탈하고 도시 전체를 불바다로 만들었는데, 이때 약탈한 금괴의 양을 현대 단위로 환산하면 약 3,500톤에 달한다고 한다.

헤브라이즘과 헬레니즘

'헬레니즘'이라는 말을 처음으로 사용한 사람은 19세기 독일의 역사가 드로이젠(1808~1884)이다. 그는 《헬레니즘의 역사》(1836)에서 그리스와 동방의 두 문화가 융합되어 서로 영향을 주고받아 생겨난 문화를 '헬레니즘'이라고 불렀다. 그가 명명한 '헬레니즘'은 고대 그리스인이 자신들을 '헤라 여신의 자손'이라는 의미로 '헬렌(Hellen)'이라고 부른 데서 가져온 것이다.

하지만 300년 동안 이어지던 헬레니즘 시대에도 종말이 왔다. 그것을 알리는 전투가 기원전 31년에 일어난 악티움 해전이다. 알렉산드로스 대왕의 부하인 프톨레마이오스가 이집트의 파라오가 되면서, 프톨레마이오스 왕조의 마지막 여왕인 클레오파트라 7세는 그녀의 연인이자 로마 장군인 안토니우스와 연합 함대를 구성하여 옥타비아누스가 보낸 로마 함대와 싸웠지만 대패한다. 로마는 기세를 이어 기원전 30년에 이집트를 멸망시킨다.

이후 서구 문명의 주인공은 로마인들이 되었다. 로마 제국이 크리스트교를 로마 제국의 국교로 만들면서 서구 문명에는 '헤브라이즘(Hebraism)'이 깊이 자리 잡게 되었다. 헤브라이즘을 따르는 서구인들은 신에게 복종하며 신의 뜻을 실현하기 위해 노력하는 도덕심을 갖게 되었다. 영국 옥스퍼드 대학교 교수이며 문예비평가인 매튜 아놀드(1822~1888)는 저서 《교양과 무질서》(1869)에서 서양 문화의 원류에는 '헤브라이즘과 헬레니즘'이라는 대립되는 두 가지 전통이 있다고 처음으로 주장했다. 엄격한 도덕주의적인 유일신을 믿는 헤브라이즘과 자유롭고 쾌락적이며 관능이 어우러지는 헬레니즘은 서구 문명을 이끌어 가는 양대 산맥으로 여겨진다.

〈엘리자베스: 골든 에이지(Elizabeth: The Golden Age)〉
2007

#엘리자베스 1세의 황금기 #대영제국

3장

대영제국의 황금기를 이끈
한 여왕의 이야기

엘리자베스 1세가 완전 무장을 하고 말 위에 올라
영국군을 진두지휘하고 있다.

엘리자베스 1세(재위 1558~1603)의 생애는 드라마보다 더 드라마틱하다. 그녀의 아버지 헨리 8세(재위 1509~1547)는 캐서린 왕비의 시녀였던 앤 불린과 사랑에 빠져 이혼을 허락해 주지 않는 로마 가톨릭과 등을 돌렸다. 그는 영국 국왕이 교회의 수장이 되는 영국 국교회를 수립한 후 앤과 결혼하여 엘리자베스를 낳았다. 하지만 천 일 만에 변심하여 앤을 간통과 근친상간, 반역죄로 런던탑에 가두었다가 처형했다. 이후 엘리자베스는 평생 동안 '사생아'로 불리는 수모를 겪어야 했다. 그녀의 수난은 여기서 그치지 않았다. 이복 언니인 메리 1세가 왕위에 오르자 신교도인 그녀는 반역죄에 연루되어 목숨이 위태롭다가 겨우 풀려났다. 늘 꿋꿋한 자세로 모든 어려움을 이겨 내었던 그녀는 마침내 병으로 세상을 떠난 메리 1세를 이어 영국 여왕에 올랐다.

　그녀가 여왕에 올랐을 때만 해도 영국은 유럽에서 지배적인 국가가 아니었다. 그런데 엘리자베스의 45년에 이르는 재위 동안 영국은 '대영제국'이 되어 유럽을 제패한다. 도대체 어떻게 나라를 이끌었기에 막강한 국력을 키운 것일까? 메리 스튜어트를 중심으로 암살 사건이 일어났을 때 엘리자베스 1세는 사건을 어떻게 수습했을까? 영국을 침공한 에스파냐의 펠리페 2세가 보낸 무적함대를 수적으로 열세인 상황에서 어떻게 격파할 수 있었을까? 영화 속에서 엘리자베스 1세가 온갖 어려움을 이겨 내고 영국 역사상 최고의 황금기를 이룩해 내는 과정을 따라가 보자.

영국을 **황금기**로 **이끌어** 나간 **엘리자베스** 1세의 **추진력**

모든 교회의 종을 울리게 했다. 죄수를 모두 풀어 주었다. 농민들 손에는 쟁기 대신에 무기를 들게 했다. 동원할 수 있는 병력은 모두 끌어 모았다. 영국으로 침략해 오는 유럽 최대 강국 에스파냐를 대적하기 위해서였다. 만약 전쟁에서 진다면 영국은 메리 1세 때처럼 가톨릭을 믿는 국가로 돌아가야 한다. 엘리자베스 1세를 비롯한 신교도들의 종교 자유가 사라지는 것이다. 에스파냐 군단은 2만 5천 명이었는데 영국의 병력은 고작 3천 명 뿐이었다. 엘리자베스 1세는 긴 머리를 휘날리며 은빛 기사복으로 완전 무장을 갖춘 채 백마에 올라 영국 군단 앞에서 이렇게 연설했다. "충성스러운 병사들이여! 적의 함대가 접근해 오고 있다. 스페인(영국에서는 에스파냐를 영어로 스페인이라고 함)의 함대 소리가 들리는가? 곧 우린 저들과 만나게 될 것이다. 이 전장에서 나는 결심했다. 여기 모인 병사들과 생사를 함께 하기로! 모두 한마음으로 침략자를 물리치자! 이 전쟁이 끝나는 날 우리 다시 만나자! 천당이든 승리의 전장이든!"

엘리자베스 1세의 황금기라 일컫는 통치기를 영화화한 〈골든 에이지(Elizabeth:The Golden Age)〉의 명장면이다. 일국의 여왕이 완전 무장을 하고 말 위에서 우렁찬 목소리로 연설을 하자 영국을 지키기 위해 모인 군단은 감격에 겨워 하늘을 찌를 듯한 호응과 성원을 보낸다. 이 영화는 인도 출신의 세자르 카푸르 감독이 제작한 작품이다. 명연기를 펼쳤던 케이트 블란쳇은 제80회 아카데미 시상식 최우수 여우주연상 후보에 올랐다. 특히 엘리자베스 1세가 남긴 초상화에서 볼 수 있는 의상들을 제대로 재현하여 아케데미 시상식에서 의상 디자인상을 수상하기도 했다.

엘리자베스 1세의
파란만장한 일대기

1999년에 개봉했던 엘리자베스 1세에 대한 첫 번째 영화 〈엘리자베스〉가 상영될 당시 포스터에는 이런 문구가 적혀 있었다. "3살엔 사생아, 21살엔 사형수, 그러나 25살엔 세계를 지배한 여인"

이것은 무슨 뜻일까? 앤 불린이 남편인 헨리 8세에 의해 참수형을 당할 때 엘리자베스는 고작 3살이었는데, 헨리 8세와 앤 불린과의 결혼이 결국 무효로 선언되면서 그녀는 사생아가 되었다. 헨리 8세는 이후 엘리자베스에게 궁정에서 살면서 훌륭한 교육을 받을 수 있도록 했다. 헨리 8세가 죽은 뒤 나이 어린 이복 남동생이 에드워드 6세로 즉위했지만 단 6년 만에 병으로 세상을 떠났다. 그리고 뒤이어 어머니 앤 불린 때문에 왕비에서 쫓겨난 캐서린 왕비의 딸인 이복 언니가 메리 1세로 즉위한다. 엘리자베스는 신교도가 되었지만 메리 1세는 독실한 가톨릭 신자였고, 엘리자베스의 어머니인 앤 불린이 메리에게 굴욕을 안겼던 터라 엘리자베스는 늘 위험을 느껴야 했다. 게다가 메리 1세는 영국을 가톨릭 국가로 돌아가게 하려고 신교도 300여 명의 목숨을 빼앗은 탓에 '블러디 메리(Bloody Mary)'로 악명이 높았다. 이런 와중에 메리 1세를 끌어내리려는 와이어트의 반란이 일어나자 엘리자베스는 반란군에 연루되어 런던탑에 끌려가 죽음을 기다려야 하는 위기를 겪었다. 그녀의 나이 21살이었다. 다행히 반란군과 동맹했다는 결정적인 증거가 없어서 간신히 풀려났지만 1년 동안 가택 연금을 당해야 했다.

영화 〈엘리자베스〉가 여왕이 된 엘리자베스가 고군분투하며 반란과 배신의 음모에서 오뚝이처럼 일어나 마침내는 스스로 영국과 결혼한 '버진 퀸(The Virgin Queen)'임을 선언하는 내용이라면, 영화 〈골든 에이지〉는 말 그대로 영국에 몰아닥친 격랑을 헤치고 영국을 유럽 최강국의 자리에 올려놓은 엘리자베스 1세의 카리스마 넘치는 통치력과 대영제국의 '황금기(The Golden Age)'를 영화화한 것이다.

엘리자베스 1세의 **황금기**에 그려진
초상화의 **특징**은?

이 영화에서 엘리자베스 1세의 화려한 의상들이 관객의 눈을 사로잡는다. 실제로 엘리자베스는 복장을 갖추어 치장하는 데만 몇 시간이 걸렸다고 한다. 엘리자베스는 얼굴에 천연두를 앓은 자국이 있었는데 그것을 감추기 위해 진하게 화장을 하느라 수은 중독에 걸리기도 했다. 역사학자들은 엘리자베스 1세의 초

영국이 스페인 무적함대를 물리친 것을 기념하는 엘리자베스 1세의 초상화이다. 여왕의 손은 세계적인 힘을 상징하여 지구 위에 올려져 있다(출처: 위키피디아).

상화를 연구하면서 흥미로운 사실을 발견한다. 세월이 흐를수록 초상화 속 그녀의 모습이 점점 젊어진다는 점이다. 초상화 속 엘리자베스는 언제나 태양과 무지개 속에 찬란히 빛나는 처녀의 모습으로 그려졌다. 초상화는 힘과 권력을 상징한다. 엘리자베스 1세의 권력이 강해질수록 여왕의 희망을 반영하여 그녀가 원하는 대로 초상화를 그린 것이다. 미술사가들의 전문 용어를 빌리면, 초상화에 '젊음의 가면(Mask of Youth)'을 씌운 셈이다.

엘리자베스 1세의 탁월한 리더십과 강력한 통치 능력은 그냥 나온 것이 아니다. 그녀는 170센티미터가 넘는 장신으로 승마와 사냥을 즐겼으며 어릴 때부터 엄청난 독서광이었다. 훗날 그녀는 자신보다 책을 많이 읽은 학자는 없을 것이라고 자랑을 했을 정도로 탁월한 상식과 식견을 갖고 있었다. 그녀는 영어, 그리스어, 라틴어, 에스파냐어, 불어 등 5개 국어에 능통했다. 엘리자베스는 직접《플루타르코스 영웅전》을 비롯한 그리스 로마 시대 원전을 번역했는데, 지난 2019년에는 뒤늦게 그녀가 직접 로마 역사가 타키투스의 저작을 번역해 적은 문서가 발굴되어 세계를 놀라게 했다. 영화에서도 당차고 현명하며 결단력 있는 그녀의 면면이 잘 드러난다. 결혼을 하라고 간청하는 주교와 신하들을 물리치면서 "난 불가능한 쪽에 흥미를 느낀다"라는 유명한 말을 한다.

엘리자베스 1세 여왕의
치열한 왕좌 지키기

영화 〈골든 에이지〉에서 영국의 가톨릭 세력들을 경계하고 제압해야 한다고 주장하는 신하들에게 여왕은 가톨릭 교도 역시 영국의 국민임을 분명히 하면서 이렇게 말한다. "영국의 국민들은 나를 사랑한다. 나는 좋은 정치로 보답할 것이다"

그 덕분에 영국 국민들은 엘리자베스 1세가 세상을 떠난 후에 시작된 제임스 1세의 강압 정치에 숨이 막히자 엘리자베스 1세를 '선한 베스'라고 부르며 그녀를 무척 그리워했다.

또 엘리자베스 1세는 가톨릭 교도를 상대로 피바람을 일으키지 않았다는 점에서 신교도를 학살한 이복 언니 '블러디 메리'와 달랐다. 하지만 왕위를 지키기 위해 고심 끝에 자신의 영원한 숙적이며 가톨릭 세력의 구심점인 메리 스튜어트를 참수했다. 영화에는 메리 스튜어트의 처형을 명한 엘리자베스 1세에 대한 암살 시도가 그려졌다. 이를 이해하려면 메리 스튜어트가 왜 엘리자베스 1세와 왕위를 다투는 왕위 서열 2위인가를 알아야 한다.

메리 스튜어트는 튜더 왕조를 연 헨리 7세의 장녀로, 엘리자베스 1세에게는 고모인 마거릿 튜더(1489~1541)의 손녀이다. 그녀는 엘리자베스보다 9살 어린 5촌 조카로, 180센티미터가 넘는 키를 가진 유럽 왕가에서 소문난 미녀였다. 정통성으로 보면 엘리자베스 1세는 헨리 8세의 사생아로 취급되지만 메리 스튜어트는 튜더 왕조를 세운 헨리 7세의 혈통과 함께 프랑스 왕가, 스코틀랜드 왕실의 혈통까지 이어받고 있었다. 메리 스튜어트가 스코틀랜드 내전에서 패하면서 생후 10개월인 제임스 6세에게 왕위를 물려주고 영국으로 망명하자, 영국에서 로마 가톨릭을 부흥시키려는 사람들이 그녀를 엘리자베스 1세 대신에 영국 여왕으로 추대하려 했던 것이다.

에스파냐의 무적함대를 격파한
엘리자베스 1세의 리더십

펠리페 2세는 당시 유럽의 최강국으로 인정받는 가톨릭 국가 에스파냐의 절대 군주였다. 1554년에 자신보다 11세 연상의 영국 여왕 메리 1세와 정략결혼을 한다. 하지만 메리 1세가 결혼한 지 4년 만에 난소암에 걸려 세상을 떠나는 바람에 영국까지 가톨릭 왕국으로 만들겠다는 그의 꿈은 무너지고 말았다. 이후에 어떻게든 엘리자베스 1세와 결혼하여 영국을 차지하려 구혼했지만 실패하고, 메리 스튜어트와 손을 잡고 여왕 암살 계획을 세웠다. 메리 스튜어트가 처형당하자 무적함대를 보내 영국을 정복한 후 자신의 딸 이자벨 공주를 영국 여왕으로 세우려는 야심을 갖고 있었다. 당시 펠리페 2세의 함대인 '아르마다(Armada Invencible)'는 16세기 최대 규모의 해전이었던 레판토 해전(1571)에서 베네치아 공국과 함께 세계 최고의 군사력을 자랑하던 오스만제국의 함대를 패퇴시켜 '무적함대'라는 명성을 얻었다. 덕분에 지중해와 대서양의 해상 무역을 독점하면서 강력한 국가로 부상했다.

여왕은 헨리 8세에게서 물려받은 카리스마와 통치 능력, 현명한 결단력이 있었다. 영화에서 전투복을 입고 전군을 격려하는 여왕의 노력에도 불구하고 130척의 25,000여 명으로 구성된 아르마다 함대 앞에서 영국은 격파당할 위기에 처한다. 그 위기를 극복한 영웅이 월터 롤리 경으로, 그는 칼레 해전에서 화공 작전을 기획하여 때마침 불어온 바람으로 대 승리를 거둔다. 그러나 역사적 사실에서 월터 롤리 경의 활약은 크지 않았다. 가장 큰 활약을 벌인 사람은 에스파냐 함대에 대한 약탈 행위로 유명했던 해적 출신의 프랜시스 드레이크 경이었다. 여왕은 드레이크를 내놓으라는 펠리페 2세의 요구를 무시하고 오히려 그에게 기사 작위를 수여하며 아낌없는 지지를 보냈다.

이렇게 무적함대를 격파하면서 영국의 골든 에이지는 시작되었다. 1600년, 영국은 인도에 동인도 회사를 차리면서 아시아로 진출했고 인도와 북아메리카를 비롯한 전 세계에 해외 식민지를 가진 "해가 지지 않는 나라"로서 최고의 전성기를 누리게 되었다. 특히 그녀의 통치력이 영국을 가톨릭 국가인 에스파냐로부터 구해 냈다는 생각이 더해지면서, 엘리자베스 1세를 찬양하는 문학이 쏟아져 나왔다. 철학자 프랜시스 베이컨(1561~1626)과 윌리엄 셰익스피어(1564~1616)가 당시에 활동했다.

1601년, 매우 쇠약해진 여왕은 141명의 하원 의원들 앞에서 생애 마지막을 장식하는 연설을 했다. "단언하건대 나만큼 국민을 사랑하는 국왕은 없을 것이다. 신께서 나를 여왕으로 만들어 주신 데 감사하지만 내가 누릴 수 있었던 가장 큰 영광은 국민의 사랑을 받으며 통치할 수 있었다는 것이다…나보다 더 강하고 현명한 국왕은 과거에도 있었고 앞으로도 있을지 모르지만 나만큼 백성을 사랑하는 국왕은 이제까지 없었고 앞으로도 없을 것이다"

이 연설을 '황금의 연설(Golden Speech)'이라고 부른다. 여왕의 영국에 대한 뜨거운 사랑과 헌신, 자부심을 느낄 수 있다. 그로부터 2년 후인 1603년에 여왕이 눈을 감았고 왕위는 스코틀랜드 국왕인 제임스 6세가 이어 스튜어트 왕조를 열었다. 영국 국민들은 오늘날까지도 영국 역사상 가장 위대한 군주인 엘리자베스 1세를 잊지 않았다.

그녀에 대한 추앙과 국민적 사랑은 무적함대를 격파한 지 꼭 100년 만인 1688년의 명예혁명 때 절정에 달했다. 명예혁명은 가톨릭을 강요하는 전제군주 스튜어트 왕가의 제임스 2세를 몰아낸 것이었는데, 이는 가톨릭 국가의 전함인 무적함대를 격파한 엘리자베스 여왕과 함께 영국의 자랑스러운 역사로 남았기 때문이다.

엘리자베스 1세의 숨은 이야기

엘리자베스 1세는 "나는 국가와 결혼하였다"고 선언하며 일생 결혼을 하지 않았다. 이에 경의를 표하며 월터 롤리 경은 현재 플로리다주 북부 일대의 북아메리카 영국 식민지 이름을 '버지니아(Virginia, 처녀의 땅)'로 명명해 그녀를 기념했다. 하지만 그녀는 결혼을 안했다 뿐이지 일생 동안 여러 명의 연인을 거느리고 있었다. 또한 자신을 치장하고 싶은 사치스러운 마음이 가득했던 여왕은 장갑만 2천 켤레에 달했고 몇 시간을 투자하여 온몸을 화려한 보석과 진주로 장식했다. 여왕이 구입한 보석에는 그녀가 좋아하는 경구 "셈페르 에어뎀(semper eadem, 항상 똑같다는 뜻의 라틴어)"을 새겨 넣었다. 비참하게 죽은 어머니 앤 불린을 그리워해 "A" 또는 "A&B"라는 팬던트를 즐겨 달기도 했다. 그녀가 달았던 장신구 중 "진주"는 순결을 상징했고, 에나멜로 만든 불사조 팬던트는 영원한 젊음을 나타냈으며, 금제 펠리컨 팬던트는 영국민에 대한 헌신적인 마음을 의미했다.

춤이면 춤, 승마면 승마, 누구에게도 뒤지지 않는 상식과 남자들이 쓰던 거친 말도 잘하는 여걸이었던 여왕은 주변 남자들에 대한 독점력이 강해 자신을 제외한 시녀들은 눈에 잘 띄지 않는 흰색과 검정색의 옷을 입게 했다. 또 단 것을 매우 좋아하여 파티나 궁정 모임이 있을 때마다 옷 주머니에 사탕을 넣고 다니며 즐겨 먹은 탓에, 말년에 이가 다 썩어서 입을 벌리면 새카만 이가 보였다고도 한다.

〈뷰티풀 마인드(A Beautiful Mind)〉
2001

#냉전 시대 #암호 해독 프로젝트 #내시 균형 이론

정신 장애에 시달린
한 천재 수학자와 냉전 시대

소련의 암호 해독에 몰두하고 있는
천재 수학자 존 내시

1945년 8월 15일, 제2차 세계 대전의 막이 내렸다. 전쟁 동안 대량 학살과 인권 유린, 핵무기와 대량 살상 무기로 수많은 사람이 다치거나 소중한 목숨을 잃었다. 전쟁이 끝난 후 세계는 전쟁의 뒷수습에 노력하면서 세계 평화와 인류의 공존을 위해 국제 연합UN을 출범시켰다. 세계는 다시 일상으로 돌아갔고 대학에는 학생들이 모여 활기찬 토론이 이루어졌다. 그러나 제2차 세계 대전의 승전국을 대표하는 미국과 소련 사이에 날카로운 이데올로기 대립이 시작되었다. 세계는 다시 미국을 중심으로 한 자본주의 진영과 소련을 중심으로 한 사회주의 진영으로 분열되었다. 폭탄이 터지고 총알이 쏟아지는 참혹한 전쟁은 분명히 끝났는데, 이보다 더한 긴장과 대립의 '냉전(The Cold War)'이 시작된 것이다. 냉전 시대를 대표하는 미소 양국의 보이지 않는 전쟁은 어떤 모습으로 진행되었을까? 게임 이론의 전문가였던 교수가 냉전 시대 정보전의 희생양이 된 이유는 무엇일까? 정신 줄을 놓아 버린 학자가 어떻게 노벨상을 타게 되었을까? 영화를 통해 제목이 의미하는 '아름다운 마음'의 세계를 탐구해 보자.

제2의 **아인슈타인**으로 **촉망**받았던 **그**가
과대망상 속에서 **살**게 된 **이유**

1953년, 150여 년 동안 그 누구도 깨지 못했던 아담 스미스의 이론을 뒤집는 게임 이론을 창안한 사람이 있었다. 저명한 경제학자이자 수학 천재인 프린스턴 대학의 교수 존 내시였다. 그는 미 국방부로부터 비밀 초대를 받는다. 그를 불러들인 국방부의 요원들은 그에게 큰 기대를 걸며 컴퓨터도 찾아내지 못하는 암호화된 소련의 통신 내용을 풀어 줄 것을 부탁한다. 수학 천재인 존은 소나기처럼 쏟아져 내리는 수많은 숫자들을 퍼즐을 풀 듯 조합하고 배열하여 마침내 통신 부호를 알아내는 데 성공한다. 국방부의 전적인 신뢰를 받게 된 존은 윌리엄 파커라는 비밀 요원을 통해 임무를 전달받고, 비밀리에 적대국인 소련을 상대로 전문적

게임 이론과 미분기하학 등의 분야를 연구한 미국의 수학자 존 포브스 내시 주니어(출처: 위키피디아)

인 암호 해독에 나서게 된다. 파커는 소련이 새로 간행한 잡지와 신문에 암호를 숨겨 놓았다고 하면서 그에게 비밀리에 해독해 주기를 부탁한다. 존은 윌러 국방 연구소에서 수많은 신문의 글자를 오려서 벽에 붙이며 숨겨진 암호를 풀어내는 일에 매달린다. 그러나 작업에 몰두하면 몰두할수록 존은 자신이 소련에게 지목당해 제거되어야 할 위험 핵심 인물이 되었다는 과대 망상에 사로잡히고 만다.

이것은 정신적 장애를 끈질긴 노력으로 극복한 존 내시 교수의 인간 승리를 그려 낸 휴머니즘 영화 〈뷰티풀 마인드(A Beautiful Mind)〉의 전반부 내용이다. 이 영화는 2002년 제74회 아카데미 시상식에서 작품상과 감독상, 여우조연상, 각색상을 수상했다. 감독 론 하워드는 앞서 영화 〈아폴로 13〉과 〈뷰티풀 마인드〉에 이어 〈다빈치 코드〉를 제작하면서 세계적인 명감독으로 거듭났다.

경이적인 이론을 발표한 지 44년 만에 노벨상의 영광을 차지하다

영화는 44년 전에 발표한 자신의 박사 학위 논문인 단 27쪽짜리 게임 이론, '비협력 게임(Non-Cooperative Games)'으로 1994년에 노벨 경제학상을 수상한 존 내시(1928~2015) 교수의 실화를 바탕으로 한다. 그는 생애 내내 정신 장애에 시달렸기 때문에 무려 40여 년의 세월이 지나서야 수상의 영광을 차지하게 되었다.

그가 처음부터 그랬던 것은 아니었다. 존 내시는 창의력 넘치는 천재로 16살에 카네기 멜런 대학교에 장학생으로 입학한 후 전공을 화학에서 수학으로 바꾸었다. 1948년에는 미국 최고의 두뇌 집단이 모이는 프린스턴 대학원 수학과에 역대 최고의 장학금을 받고 입학한다. 1950년에는 그 누구도 생각하지 못한 게임 이론 '비협력 게임'과 '내시 균형 이론'의 기초를 발표하여 학계에 돌풍을 일으켰다. 사람들은 그를 '제2의 아인슈타인'으로 불렀다. 영화에서도 존은 번득이는 천재적 두뇌로 기숙사 유리창을 노트 삼아 수식을 써 내려 가며 문제를 해결한다. 당시는 미국과 소련이 팽팽히 첩보 전쟁을 벌이던 냉전 시대로, 나라를 대표하는 수재 집단을 국가적 난제를 푸는 데에 총동원하던 시기였다. 존 내시도 1950~1954년까지 미 국방성에 특채되어 RAND 연구소에서 국가 간 게임 전략 이론의 전문가로 활동했다.

론 하워드 감독은 "세상의 박수갈채를 받던 천재 수학자가 소련의 코드 해독 과정에서 정신 질환을 앓았으며 아내의 헌신적인 도움으로 그것을 극복해 내고 노벨상을 탔다"라는 어쩌면 지루한 전기 영화가 될 수도 있었던 존 내시 교수의 일대기를 흥미로운 추리극 형태로 만들어냈다.

냉전의 시대, 열전보다 더 치열했던
전쟁의 방법과 전략은?

영화 〈뷰티풀 마인드〉에서 벅찬 감동의 인간 승리를 보여 준 존 내시는 영화 상영 이후에도 평상시와 다름없이 프린스턴 대학교에서 강의와 연구 활동을 계속했다. 세월이 흘러도 그의 영광은 멈출 줄 몰랐다. 경제와 수학 부문 등에서 이미 수많은 상을 탔던 그에게 수학계의 노벨상이라고 불리는 아벨상 수상자로 결정되었다는 소식이 전해졌다. 그는 평생 자신을 사랑하며 지지를 보내 준 아내 엘리샤와 함께 출국하여 노르웨이에서 아벨상을 수상한 뒤 돌아오는 길에 택시를 탔다. 그러나 택시 운전사의 과실로 가드레일을 들이받으면서 두 사람이 동시에 차 밖으로 튕겨 나가 목숨을 잃고 말았다. 그의 나이 86세, 2015년 5월 23일의 일이다.

그는 냉전 시대에 연구소에서 일하며 정신병을 얻게 되었는데, 그렇다면 냉전은 언제부터, 왜 시작된 것일까? 냉전이라는 말을 처음으로 사용한 사람은 소설 《동물 농장》으로 유명한 소설가 조지 오웰이다. 그는 1945년 10월, 핵전쟁의 위협 속에 살게 될 것을 우려하는 칼럼을 영국 신문 〈트리뷴〉에 게재하면서 처음 '냉전'이라는 용어를 사용했다. 이후 미국의 칼럼니스트 월터 리프만이 《냉전(The Cold War)》(1947)이라는 저서를 출간하면서 국제 사회에서 이 용어가 일반화되었다. 냉전 시대를 점화시킨 국가는 제2차 세계 대전의 승전국 중 하나인 거대 강국 소련이었다. 소련은 제2차 세계 대전이 끝난 후 동유럽에 정치 경제적으로 대대적인 지원을 하여 폴란드, 루마니아, 유고슬라비아, 체코슬로바키아 등에 공산 정권이 들어서게 했다. 이에 위기를 느낀 미국은 트루먼 독트린을 발표하여 자유 진영을 돕기 위해 재정적 지원을 하겠다고 선언한다. 그 내용을 살펴보자.

"오늘날 전 세계의 거의 모든 나라는 두 가지 생활 방식 중 하나를 선택해야 합니다. 첫 번째 생활 방식은 다수의 의지에 기초하여, 자유로운 제도와 종교의 자유, 정치적 억압으로부터의 자유를 보장하고 있습니다. 다른 방식은 소수가 힘으로 다수를 강제하는 방식입니다. 이 방식은 테러와 억압, 언론과 방송 통제, 선거 조작, 그리고 개인에 대한 억압으로 가득 차 있습니다…저는 모든 민족이 자유로운 상황에서 운명을 스스로 결정할 수 있도록 우리가 도와야 한다고 믿습니다…"

이어서 미 국무장관 마셜은 하버드 대학교 졸업식에 참여하여 축하 연설을 하면서 이후 '마셜 플랜'으로 불리는 대대적인 '유럽 부흥 계획'을 발표했다. 마셜 플랜은 발표로 끝나지 않았다. 미국은 마셜 플랜을 실천에 옮겨 서유럽 16개국에 대한 대규모 경제 원조를 실시했다. 1951년까지 45개월 동안 진행된 마셜 플랜을 통해 미국은 국민 총생산의 1.2퍼센트를 유럽 경제 부흥 원조에 쏟아 넣었다.

소련은 다시 마셜 플랜에 대응하여 동유럽의 공산주의 국가들과 코메콘(경제 상호 원조 회의)를 조직한다. 영국 수상 처칠이 1946년 3월에 미국을 방문하여 미주리주 풀턴에서 했던 연설을 통해 냉전 시대 양 진영의 대립을 피부로 느낄 수 있다. "발트해의 슈체친에서부터 아드리아해의 트리에스테에 이르기까지 대륙을 횡단하여 '철의 장막'이 드리워져 있다"

냉전 시대에 일어난 열전의 양상과 핵전쟁의 공포를 가져온 쿠바 미사일 위기

군사적으로도 냉전의 바람이 몰아쳤다. 서방측은 '북대서양 조약 기구(NATO, North Atlantic Treaty Organization)'를 결성하여 소련군의 유럽 침공에 공동으로 맞설 준비를 했다. 이에 질세라 소련도 '바르샤바 조약 기구(Warsaw Treaty Organization)'를 만들어 자유 진영과 공산 진영 사이에 팽팽한 긴장감이 돌았다.

이 시기에 존 내시는 수재들이 모이는 프린스턴 대학원에 입학하여 자신만의 창조적인 이론을 구축하기 위해 연구에 매진하고 있었다. 그가 게임 이론 논문을 발표했던 1950년에는 미국에 소위 '매카시즘(McCarthyism)'이라는 공산주의자 색출 열풍이 불었다. 매카시즘이란 1950년의 미 공화당 당원 대회에서 위스콘신주 상원의원 J. R. 매카시

4장 정신 장애에 시달린한 천재 수학자와 냉전 시대

가 "나는 297명의 공산주의자 명단을 갖고 있다"는 폭탄 발언을 하여 미국 사회 곳곳에 숨어있는 공산주의자를 색출하려는 과도한 사회적 분위기가 유행하던 것을 말한다.

존 내시가 국방성에 특수 업무를 부여받고 활동하던 1950년대에 냉전은 열전으로 발전한다. 그것이 냉전 체제의 대리 전쟁이라고 불리는 우리나라의 한국 전쟁과 베트남 전쟁이다. 그동안 한국 전쟁이 발발하게 된 주요한 원인 중 하나로 알려진 것은 미 국무장관 애치슨의 선언이다. 그는 1950년 1월 12일에 전미국신문기자협회에서 행한 연설에서 한국과 타이완은 미국의 태평양 방위선에서 제외되며, 만약 제외된 국가가 제3국의 공격을 받는다면, 침략을 당한 국가의 자체 방위력과 유엔 헌장의 발동에 의해 침략에 대응해야 한다고 선언했다. 그러자 한국이 미국 태평양 방어선에서 제외된 사실을 침략할 절호의 기회로 생각한 북한이 소련의 승인 하에 한국 전쟁을 일으켰다는 것이다. 그러나 1980년대에 구소련의 비밀문서가 공개되면서 애치슨 선언 전에 이미 남침이 결정되었다는 사실이 밝혀졌다.

베트남 전쟁은 프랑스가 베트남에서 물러난 이후 남과 북에 각각 친미 정권과 공산 정권이 수립되었으나 미국이 공산권의 확대를 막기 위해 전쟁에 깊이 개입하면서 장기전으로 변했고 수많은 민간인 희생자를 낳았다.

존 내시가 조현병이 발현되어 정신 병원을 드나들던 시기에 냉전은 더욱 격화되었다. 소련이 제2차 세계 대전 이후 자국의 점령 지역이었던 동베를린에 대해 모든 물자의 공급을 중단시킨 베를린 봉쇄에 이어, 동독은 동베를린에 거주하는 사람이 자유를 찾아 서베를린으로 탈출하는 것을 막기 위해 1961년에 베를린 장벽을 쌓았다.

냉전 시대에 미국과 소련은 군사적인 강대국이 되기 위해 경쟁적으로 핵무기를 개발하여 전 세계인들을 핵전쟁 공포에 밀어 넣기도 했다. 이것을 현실적으로 느끼게 한 사건이 1962년에 일어난 '쿠바 미사일 위기'이다. 미국이 쿠바 혁명으로 집권한 카스트로 공산 정권을 무너트릴 비밀 계획을 세우자 소련은 이에 대한 맞대응으로 쿠바에 자국의 핵미사일을 배치하려 했다. 미국의 케네디 대통령은 만약 미사일을 실은 소련 함대가 배를 돌리지 않으면 격침시키겠다는 최후통첩을 했고, 세계에는 3차 세계 대전이 일어나게 될 것이라는 공포가 몰아쳤다. 다행히 소련의 흐루쇼프 서기장이 미국의 제안을 받아들여 '위기'로만 끝났지만, 냉전이 곧 세계 대전으로 갈 수 있다는 것을 알려준 대표적인 사건이었다.

이렇게 각국의 수재들이 적대국의 정보를 미리 알아내기 위한 냉전 시대의 정보전에 이용되면서, 존 내시처럼 정신적 장애를 얻거나 자살하는 등 고통받으며 시대의 희생양이 되고 말았다.

미국에 수학 천재 존 내시가 있다면, 영국에는 앨런 튜링(1912~1954)이 있다. 존 내시처럼 그도 수학과 컴퓨터 과학은 물론 논리학과 암호학의 천재였다. 그는 알고리즘과 계산 개념을 튜링 기계에 접합시켜 컴퓨터 과학에 지대한 공헌을 했다. 존 내시가 게임 이론으로 큰 자취를 남겼다면, 앨런 튜링은 그가 고안한 튜링 머신으로 세상에 빛을 던져 주었다. 1945년에 개발한 튜링 머신은 초보적 형태의 컴퓨터로, 인간의 두뇌로 풀기 어려운 복잡한 계산과 논리 문제를 신속하게 처리해 낼 수 있었다. 또 그가 만든 튜링 테스트는 인공지능을 발전시키는 데 중요한 역할을 했다. ACM(계산기 학회, Association for Computing Machinery)은 매년 그의 이름을 딴 '튜링상'을 제정하여 컴퓨터 과학에 공이 큰 사람에게 시상하고 있다.

그가 존 내시와 비슷한 점은 또 있다. 국가에 의해 제2차 세계 대전 당시 적대국인 독일과의 암호 전쟁에 동원된 것이다. 앨런 튜링은 암호 해독 부서 Hut 8의 팀장이 되어 치열한 노력 끝에 '에니그마'라는 독일군의 암호 기계를 해독해 내는 데 성공했으나, 그의 활동과 업적은 국가 기밀이라는 이유로 철저히 삭제되어 사라졌다. 뒤늦게 1992년에 그의 동료가 "튜링이 없었다면 영국은 분명 전쟁에서 패배했을 것이다"라고 말한 인터뷰를 통해 그의 역할을 짐작해 볼 수 있다.

그러나 존 내시가 암호 해독에 따른 심적 부담을 이길 수 없어 조현병을 앓았듯이 앨런 튜링도 불운했다. 그는 전쟁이 끝난 후 영국법에서 금지된 동성애를 한 범죄자로 체포되어 화학적 거세를 받게 되었다. 굴욕을 참을 수 없었던 그는 스스로 생을 마감했다.

2013년, 영국 엘리자베스 2세는 법무부 장관의 건의를 받아들여 그의 동성애 죄를 사면했다. 또 2019년에는 그의 지대한 업적을 기려 영국의 50파운드 지폐 뒷면에 들어갈 위인으로 제정되어 화려하게 역사에서 부활했다. 2014년에 상영된 영화 〈이미테이션 게임〉은 제2차 세계 대전 당시 암호 해독 활동과 비극으로 끝난 그의 삶을 세상에 알린 영화이다.

참고 문헌

단행본

김창성, 《세계사 산책》, 솔, 2003.

노명식, 《프랑스 혁명에서 파리 코뮌까지 1789~1871》, 책과함께, 2011.

니콜로 마키아벨리, 강정인, 김경희 옮김, 《로마사 논고》, 한길사, 2018.

댄 브라운, 안종설 옮김, 《다빈치 코드 1, 2》, 문학수첩, 2013.

로버트 S. 위스트리치, 송충기 옮김, 《히틀러와 홀로코스트》, 을유문화사, 2004.

로빈 가디너, 단 반 데어 바트 지음, 안인희, 백영미 옮김, 《타이타닉의 수수께끼 1, 2》, 황금가지, 1998.

류광철, 《이슬람 제국》, 말글빛냄, 2018.

르몽드 디플로마티크, 권지현 옮김, 《르몽드 세계사 1》, 휴머니스트, 2008.

리처드 오버리, 이종경 옮김, 《지도로 보는 타임스 세계 역사 1》, 생각의나무, 2009.

마리타 콘론 맥케너, 이명연 옮김, 《슬픈 아일랜드》, 산하, 2013.

마이클 하워드, 최파일 옮김, 《제1차세계대전》, 교유서가, 2015.

박윤덕 외, 《서양사 강좌》, 아카넷, 2016.

박지향, 《슬픈 아일랜드》, 기파랑, 2008.

박지향, 《클래식 영국사》, 김영사, 2012.

박한제 외, 《아틀라스 중국사》, 사계절, 2007.

배수정, 《엘리자베스 1세의 옷장》, 북마루지, 2012.

배영수 엮음, 《서양사강의》(개정판), 한울, 2019.

배은숙, 《로마 검투사의 일생》, 글항아리, 2013.

볼프강 벤츠, 최용찬 옮김, 《홀로코스트》, 지식의풍경, 2002.

빅토르 위고, 나혜란 옮김, 《레미제라블》, 밀리언셀러, 2019.

스탠리 레인 풀, 이순호 옮김, 《살라딘》, 갈라파고스, 2003.

아리아노스 외, 박우정 옮김, 《알렉산드로스 원정기》, 글항아리, 2017.

알베르 소불, 최갑수 옮김, 《프랑스 혁명사》, 교양인, 2018.

앨런 브링클리, 손세호, 이영효, 김덕호, 김연진, 조지형, 황혜성 옮김, 《있는 그대로의 미국사 3》, 휴머니스트, 2011.

어윈 루처, 이용복 옮김, 《다 빈치 코드 깨기》, 규장, 2004.

에드먼드 버크, 이태숙 옮김, 《프랑스혁명에 관한 성찰》, 한길사, 2017.

에드워드 맥널 번즈, 로버트 러너, 스탠디시 미첨 지음, 박상의 옮김, 《서양 문명의 역사》, 소나무, 1994.

에른스트 H. 곰브리치, 백승길, 이종숭 옮김, 《서양 미술사》, 예경, 2003.

에릭 홉스봄, 정도영, 차명수 옮김, 《혁명의 시대》, 한길사, 1998.

에이드리언 골즈워디, 하연희 옮김, 《로마 멸망사》, 루비박스, 2012.

유기열, 《르완다》, 생각나눔, 2016.

이시하마 유미코, 김한웅 옮김, 《티베트, 달라이 라마의 나라》, 이산, 2007.

이윤기, 《이윤기의 그리스 로마 신화》, 웅진지식하우스, 2006.

이정록 외, 《세계 분쟁 지역의 이해》, 푸른길, 2016.

이종필, 《이종필 교수의 인터스텔라》, 동아시아, 2014.

이종호, 《미스터리와 진실 1 전설 편》, 북카라반, 2013.

장펀톈, 이재훈 옮김, 《진시황 평전》, 글항아리, 2011.

제임스 W. 로웬, 남경태 옮김, 《선생님이 가르쳐 준 거짓말》, 휴머니스트, 2010.

존 아일리프, 이한규, 강인황 옮김, 《아프리카의 역사》, 이산, 2002.

주경철, 《대항해시대》, 서울대학교출판부, 2008.

주경철, 《문학으로 역사 읽기, 역사로 문화 읽기》, 사계절, 2009.

지오프리 파커, 김성환 옮김, 《아틀라스 세계사》, 사계절, 2004.

케네스 데이비스, 이순호 옮김, 《미국에 대해 알아야 할 모든 것, 미국사》, 책과함께, 2004.

케네스 포머런츠, 스티븐 토픽 지음, 박광식 옮김, 《설탕, 커피, 폭력》, 심산, 2003.

퀸투스 쿠르티우스 루푸스, 윤진 옮김, 《알렉산드로스 대왕 전기》, 충북대학교출판부, 2010.

킵손, 전대호 옮김, 《인터스텔라의 과학》, 까치, 2015.

타밈 안사리, 류한원 옮김, 《이슬람의 눈으로 본 세계사》, 뿌리와이파리, 2011.

토니 클리프, 이나라, 정진희 옮김, 《여성해방과 혁명》, 책갈피, 2008.

토마스 불핀치, 박경미 옮김, 《그리스 로마 신화》, 혜원출판사, 2011.

패트리샤 버클리 에브리, 이동진, 윤미경 옮김, 《사진과 그림으로 보는 케임브리지 중국사》, 시공사, 2010.

프레데릭 르누아르, 마리 프랑스 에슈고앵 지음, 이승재, 이희정 옮김, 《추적-다빈치 코드의 진실과 거짓》, 문학세계사, 2005.

하워드 진, 레베카 스테포프 지음, 김영진 옮김, 《하워드 진 살아있는 미국역사》, 추수밭, 2008.

허구생, 《근대 초기의 영국》, 한울아카데미, 2015.

논문

곽문환, 「18세기 설탕산업, 노예무역 영국 자본주의」, 《사림》, 2004, vol. no.22

김경희, 「〈서프러제트〉에 나타난 거리 정치의 수행성 연구」, 《영미문화》, 2018, vol.18

김미옥, 「영화 〈부활〉에 나타난 시·청각적 요소 및 영화의 의미에 대해」, 《조형미디어학》, 2019,

vol.22, no.3

김영선, 김태수, 「영화〈뷰티풀 마인드〉에서 수학과 음악의 융합 효과」, 《문화와융합》, 97, 2018.

김유봉, 「秦나라 李斯의 思想世界와 天下統一後 文化政策」, 《중국학논총》, 2015, vol. no.47

김인선, 「미국 노예제 시기 흑인여성노예에 대한 성적 착취: 흑인여성의 섹슈얼리티, 저항, 생존 전략을 중심으로」, 《미국사연구》, 2015, vol.41

김차규, 「역사적 관점에서 본 이탈리아 르네상스」, 《인문과학연구논총》, 2014, vol.35, no.1

김현아, 「역사적 망각에 대한 경고, [호텔 르완다(Hotel Rwanda)]」, 《현대문학이론연구》, 2010, vol. no.43

배은숙, 「검투사 경기에 대한 로마인들의 시각 - 세네카와 유베날리스를 중심으로-」, 《대구사학》, 2012, vol.108

성광숙, 「초상화 복식을 중심으로 본 퀸 엘리자베스 1세의 영화 의상에 관한 연구」, 《복식》, 2012, vol.62, no.8

양병현, 「여성스러운 사내: 댄 브라운의 《다빈치 코드》」, 《문학과 종교》, 2008. vol. no.13

오홍식, 「트로이 전쟁과 바다의 민족들」, 《서양고대사연구》, 2013, vol. no.6

윤진, 「알렉산드로스(Alexandros)를 보는 세 가지의 시선: - 플루타르코스(Plutarchos), 퀸투스 쿠르티우스 루푸스(Quintus Curtius Rufus), 아리아노스(Arrianos)의 저작에 나타난 알렉산드로스 대왕」, 《서양고대사연구》, 2011, vol. no.28

이영순, 「가족 영웅의 모태, 오디세우스 신화」, 《문학과영상학회》, 2005, vol. no.6

이용남, 「교육소설 텔레마코스의 모험의 의의 및 한계 분석」, 《교육원리연구》, 2009, vol. no.1

이윤종, 「재난서사와 파국적 상상력: 할리우드 지구 종말 SF 영화:〈블레이드 러너〉와〈인터스텔라〉의 디스토피아적 시공간성」, 《인문과학》, 2015, vol., no.57

이희구, 「침묵의 행성 밖에서와 인터스텔라: 그들의 따스한 우주에서 우리의 소통의 블랙홀로」, 《문학과 종교》, 2008. vol. no.13

장원, 「대중매체 속에서의 미술작품 해석과 서술에 대한 고찰: 소설과 영화〈다 빈치 코드〉에 나타난 레오나르도 다 빈치의 작품들을 중심으로」, 《영상문화》, 2019, vol. no34

최태연, 「다빈치 코드와 페미니즘」, 《탈경계인문학》, 2011, vol.4.

하상복, 「〈호텔 르완다〉와 르완다 종족학살 다시 읽기」, 《로컬리티인문학》, 2019, vol. no.21

허구생, 「튜더 왕권의 이미지-엘리자베스 1세의 초상화를 중심으로」, 《영국연구》, 2004, vol. no.12

홍용진, 「영화〈킹덤 오브 헤븐(Kingdom of Heaven)〉: 공존과 공생의 논리에 대한 역사적 탐구」, 《호모미그란스》, 2015, vol.12

황혜진, 「서프러제트의 단식투쟁과 강제급식(1909년-1914년): 여성의 신체, 국가의 개입, 의사의 담론」, 《역사와 세계》, 2022, vol.62